|고급|

친절한 한국어 5

FRIENDLY KOREAN

부산대학교 언어교육원 지음
The Language Education Institute of the Pusan National University

PNU Press

Friendly Korean 5 (2nd edition)

The Language Education Institute of the Pusan National University
Telephone : +82-51-510-1984
Fax : +82-51-514-3944
E-mail : foreign@pusan.ac.kr
http://international.pusan.ac.kr

Published by PNU press Publishing Co.
2, Busandaehak-ro 63 beon-gil(Jangjeon-dong), Geumjeong-gu, Busan 46241, Korea
Telephone : +82-51-510-1932
Fax : +82-51-512-7812
E-mail : pnupress@hanmail.net
http://press.pusan.ac.kr

2nd edition published 2019
Printed in Korea

ISBN : 978-89-7316-642-8 14710
ISBN : 978-89-7316-600-8 SET

Contents

목차

친절한 한국어 5

책을 펴내면서

1960년대부터 시작된 외국어로서의 한국어 교육은 학습 목적에 맞는 다양한 교재의 개발과 체계적인 한국어 교수법의 연구 등 내실 있는 발전을 위한 노력이 계속되고 있다. 이후 계속된 연구를 통해 현재는 외국어 학습의 목적이 이해에서 그치는 것이 아닌 기능을 중심으로 한 사용으로 확대되어야 한다는 인식이 자리를 잡아가고 있다.

〈친절한 한국어〉는 이러한 한국어 교육의 흐름에 부합하고자 2007년 초급 교재의 개발에 착수한 이래 몇 번의 개정을 거쳐 이번에 전면 개편에 이르게 되었다. 국내외 한국어 교육 환경의 변화나 학습자 성향, 학습 목적 등의 변인이 생기면서 그에 맞는 전면 개편의 필요성이 대두했기 때문이다.

〈친절한 한국어〉는 듣기, 읽기, 말하기, 쓰기의 통합 교재로 주제나 기능 면에서 초급에서 중·고급까지 연계되도록 구성되었다. 각 급에서 필요한 언어적 기능 및 통합 교재로서의 기능을 수행하도록 하면서 특히 말하기 능력을 강화할 수 있도록 구성하였다. 이를 위해 문법 인지를 위한 지문을 모두 상황과 맥락이 있는 대화문으로 구성하고 문법 내용 인지와 간단한 연습 후 〈말해 봅시다〉를 통해 문법을 내재화할 수 있는 활동으로 구성하였다.

듣기나 읽기도 다양한 주제와 상황을 가미하여 실생활에서 활용할 수 있도록 하였고 후 활동으로 말하기 활동을 연계하도록 구성하였다. 급수에 따라 개인적인 주제와 사회적인 주제의 비율을 적절히 조정하였고 주제에 맞게 뉴스나 책, 방송 매체 등 다양한 매체를 활용하였다. 또한 듣기나 읽기에서 충분히 다룬 주제를 쓰기로 연계하면서 필요에 따라 글의 종류에 맞게 구성하는 글쓰기 방법도 제시하였다.

중급부터는 〈속담〉, 〈관용어와 의태어〉 등의 문화 항목을 추가하여 한국어와 더불어 한국의 문화를 이해할 수 있도록 구성하였고 내용에 맞는 삽화를 추가하여 한국어 및 한국 문화 학습에 재미를 더하였다. 이러한 항목들을 통해 한국어뿐만 아니라 한국에 대한 깊이 있는 이해와 한국 문화에 대한 소양도 갖출 수 있도록 하였다.

이번 〈친절한 한국어〉 개편은 많은 분들의 노고와 정성이 있었기에 가능한 일이었다. 연일 사상 최대라는 무더위에 휴일도 반납하고 집필에 힘을 쏟아 주신 교재개발팀 선생님들과 꼼꼼하게 검수해 주신 언어교육원 선생님들, 그리고 책이 발간되기까지 아낌없이 지원해 주신 행정실 직원분들, 그 밖에 출판부 담당자분들을 비롯한 많은 분들에게 감사의 말씀을 전하고 싶다.

아울러 많은 이들의 땀과 정성의 결실인 〈친절한 한국어〉가 한국어와 한국 문화를 배우려는 국내외의 많은 외국인 학습자들의 한국어 학습에 큰 도움이 되기를 바란다.

2019년 11월
부산대학교 언어교육원
원장 강남현

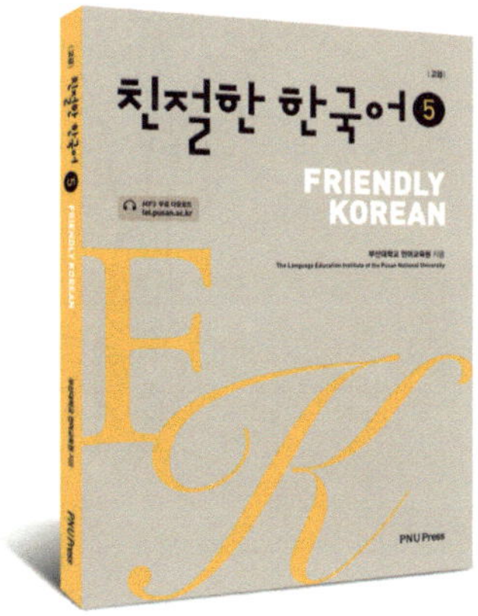

민 지
한국 / 대학생

동 우
한국 / 대학생

왕 붕
중국 / 대학생

송 영
중국 / 대학생

소피아
가나 / 대학생

꾸 언
베트남 / 대학생

제임스
캐나다 / 회사원

안 나
러시아 / 회사원

기무라
일본 / 대학원생

단원	제목	대화	문법과 표현	읽고 말하기	듣기
1	대중문화와 유행	한류마케팅	– 기는커녕 – (으)ㅁ에도 불구하고	대중문화의 영향	실화 영화
2	언어와 생활	문자의 다양한 쓰임새	– 되 – 거니와	언어가 변화되는 현상	한글 지킴이 동아리
3	과학과 미래	과학의 발전	– (으)ㄹ 바에야(야/는) – 다시피	과학의 발전을 대하는 사람들의 유형	발명품의 유래
4	인간과 도시	도시 생활	– (으)ㄴ들 – (으)ㄴ 탓에	도시 개발의 문제점	도시의 변화
5	교육과 인생	새로운 교육 형태	– 는 통에 – (으)로 말미암아	한국의 교육 현실	한국과 핀란드의 교육 특징
6	경제와 소비 생활	경제 관련 신조어	– 다기보다(는) – (으)ㄴ 나머지	소비가 경제에 미치는 영향	틈새시장의 성공 사례
7	공동체 생활	기부 방법	– 는 데(에) – 는 이상	노블레스 오블리주	국제 원조 기관
8	환경과 생태계	생태계 파괴	– 는가 하면 – (으)ㄹ 리 만무하다	멸종 위기 동물	멸종 위기 동물
9	문화재와 보존	무영탑의 전설	– (으)ㄴ 끝에 – (으)ㄹ 법하다	문화재 보존	세계기록문화유산과 인물

읽기	쓰기	속담과 관용어	문학나들이
개념연예인	영화 감상문	– 뱁새가 황새 따라가다 가랑이 찢어진다 – 친구 따라 강남 간다 – 목이 빠지게 기다리다 – 목에 힘을 주다	라디오와 같이 사랑을 끄고 켤 수 있다면(장정일)
사투리 사용	몸짓으로 하는 의사소통	– 고기는 씹어야 맛이고 말은 뱉어야 맛이다 – 한 번 뱉은 말은 주워 담을 수 없다 – 입이 무겁다 – 침이 마르다	귀천(천상병)
미래의 모습	미래의 모습	– 구관이 명관이다 – 찬밥 신세가 되다 – 간이 크다 – 간이 콩알만 해지다	진달래꽃(김소월)
지명의 유래	바람직한 도시 개발	– 각광을 받다 – 쇠뿔도 단김에 빼다 – 발 벗고 나서다 – 양다리를 걸치다	성북동 비둘기(김광섭)
홈스쿨링	홈스쿨링	– 길고 짧은 건 대봐야 안다 – 공든 탑이 무너지랴 – 눈에 불을 켜다 – 눈 밖에 나다	서시(윤동주)
수집을 통한 재테크	재테크	– 허리띠를 졸라매다 – 옷이 날개다 – 손이 크다 – 손이 모자라다	엄마걱정(기형도)
다문화 사회	각국의 다문화 정책	– 먼 친척보다 가까운 이웃이 낫다 – 백지장도 맞들면 낫다 – 귀가 얇다 – 귀를 기울이다	배추의 마음(나희덕)
생태 통로	동물과 인간의 공존	– 어깨가 무겁다 – 소귀에 경 읽기 – 발등에 불이 떨어지다 – 발 뻗고 자다	이제 이 땅은 썩어만 가고 있는 것이 아니다(신경림)
수원 화성	유네스코 등재 세계문화유산	– 엎어지면 코 닿을 데 – 함흥차사 – 코웃음을 치다 – 코가 납작해지다	승무(조지훈)

• 단원표지

단원 제목 : 단원의 주제 및 문법을 노출하여 각 과의 학습 내용을 추측할 수 있도록 하였다.

삽화 : 학습자들의 흥미와 동기를 유발할 수 있도록 구성하여 단원의 내용을 알 수 있게 하였다.

학습 목표 : 문법 항목 및 각 영역의 소제목을 제시하여 각 단원에서 배워야 할 것이 무엇인지 분명히 알고 학습의 방향을 세울 수 있도록 하였다.

1과 대중문화와 유행

학습목표

| 대화 한류마케팅
| 읽고 말하기 대중문화의 영향
| 듣기 실화 영화
| 읽기 개념연예인
| 쓰기 영화 감상문
| 문학 나들이 라디오와 같이 사랑을 끄고 켤 수 있다면 (장정일)
| 문법과 표현1 -기는커녕
| 문법과 표현2 -(으)ㅁ에도 불구하고
| 속담과 관용어
뱁새가 황새 따라가다 가랑이 찢어진다
친구 따라 강남 간다
목이 빠지게 기다리다 / 목에 힘을 주다

• 대화

대화 지문 : 목표 문법과 어휘를 포함한 모범 대화문을 통해 학습 목표와 관련된 여러 의사소통 상황을 학습하도록 하였다.

대답해 봅시다 : 〈대화〉 내용을 확인하는 문제를 통해 대화 내용이나 대화의 주제, 대화 상황 등을 제대로 이해했는지 점검할 수 있도록 하였다.

이야기해 봅시다 : 〈대화〉에서와 유사한 상황이나 맥락을 제시하여 스스로 대화를 구성할 수 있도록 하였다.

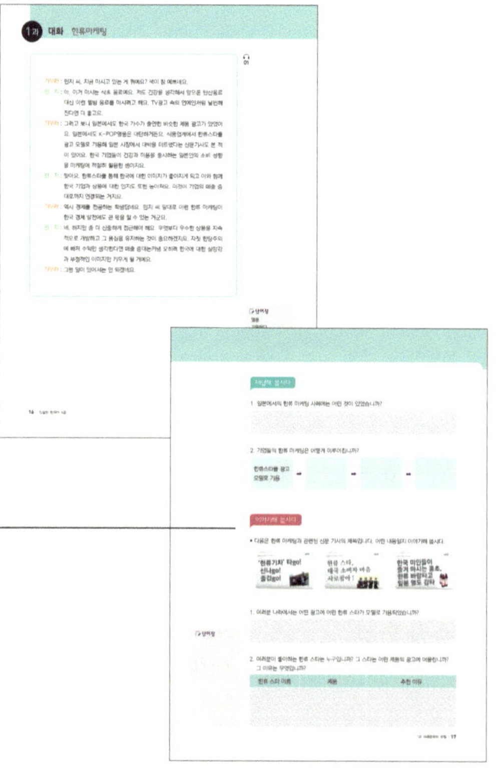
1과 대화 한류마케팅

대답해 봅시다

이야기해 봅시다

• 문법과 표현1, 2

문법 설명 : 문법을 학습하기 전에 학습자가 문법의 쓰임과 의미를 이해할 수 있도록 간단히 제시하였다.

예문 : 문법이 자주 쓰이는 전형적인 상황을 반영한 예문을 통해 목표 문법이 어떻게 사용되는지를 알 수 있게 하였다.

연습1 : 학습한 문법을 사용하여 대화 또는 문장을 만드는 연습 문제를 통해 문법의 활용도를 높여 학습자가 이해했는지를 확인할 수 있도록 하였다.

연습2 : 통제된 연습 형태의 단계를 거친 후 상황이 가미된 다양한 연습 활동으로 글의 맥락 속에서 문법을 사용할 수 있도록 하였다. 이러한 활동을 통해 담화에 대한 이해력을 기를 수 있도록 하였다.

연습3 : 목표 문법이 자주 사용되는 문형을 제시하여 문장 완성 등에 도움을 주고자 하였다.

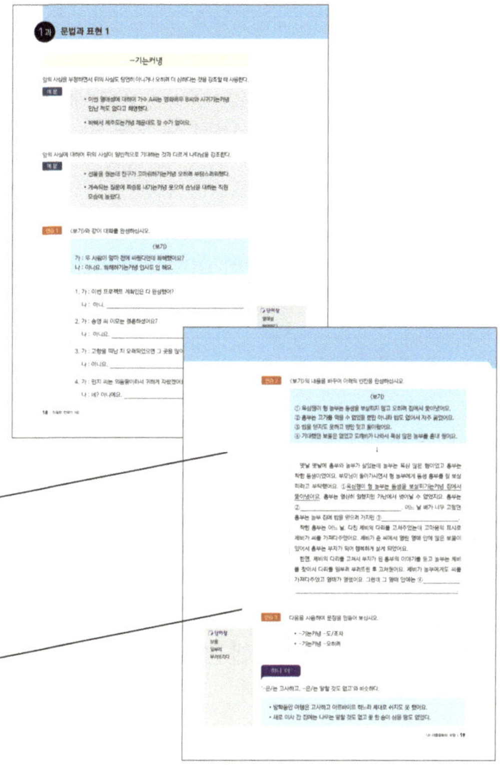

• 읽고 말하기

읽기 지문 : 다양한 유형의 글을 읽기 자료로 제시하여 내용과 관련된 정보를 얻고 어휘나 표현을 확장할 수 있게 하였다.

대답해 봅시다 : 내용을 확인하는 문제를 통해 글의 내용이나 글의 주제, 등을 제대로 이해했는지 점검할 수 있도록 하였다.

이야기해 봅시다 : 학습자가 읽기 지문 내용을 바탕으로 자유롭게 자신의 생각을 이야기할 수 있도록 하였다.

그리고 각 영역마다 〈단어장〉을 제시하여 새로운 어휘를 학습할 수 있도록 하였다. 그리고 〈단어 색인〉을 제시하여 학습한 어휘를 쉽게 찾아 볼 수 있게 하였다. 학습 주제에 따라 반드시 필요한 어휘는 사용 빈도가 낮더라도 포함시켰다.

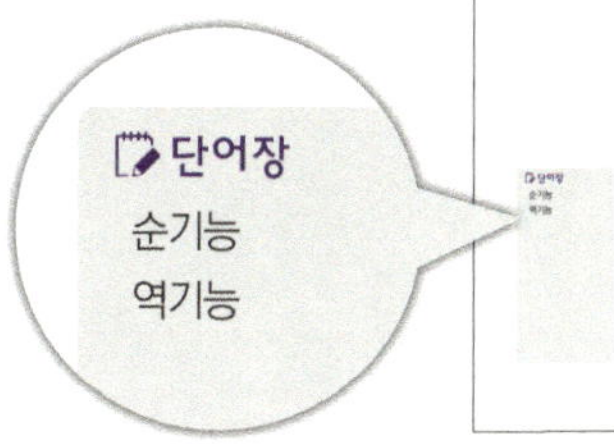

• 어휘 확장

과의 주제와 관련된 다양한 어휘 중 본문에 제시되지 않은 어휘들을 제시하여 어휘 확장을 할 수 있도록 하였다.

듣기나 읽기 학습에 필요한 어휘들을 미리 학습하여 어휘 학습에 대한 부담감을 덜 수 있도록 하였다.

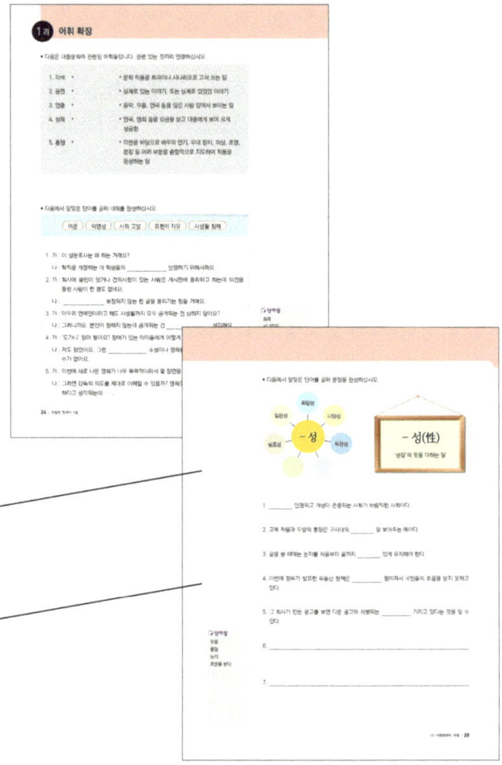

〈대화〉에 제시된 어휘 중 조어력이 높은 접미사가 어떻게 확장되는지 그림으로 제시하여 한자어 어휘의 의미 이해에 도움이 되도록 하였다.

문장 완성형의 문제를 통해 한 번 확인할 수 있도록 하였다.

• 듣기

삽화 및 사진 : 듣기 전 단계로 주제와 관련된 정보를 이야기하면서 들을 내용을 예측하고 주제에 대한 배경 지식을 활성화할 수 있게 하였다.

듣기 문제 : 듣기 단계에서 들은 내용을 이해하였는지 확인하는 문제를 제시하였다.

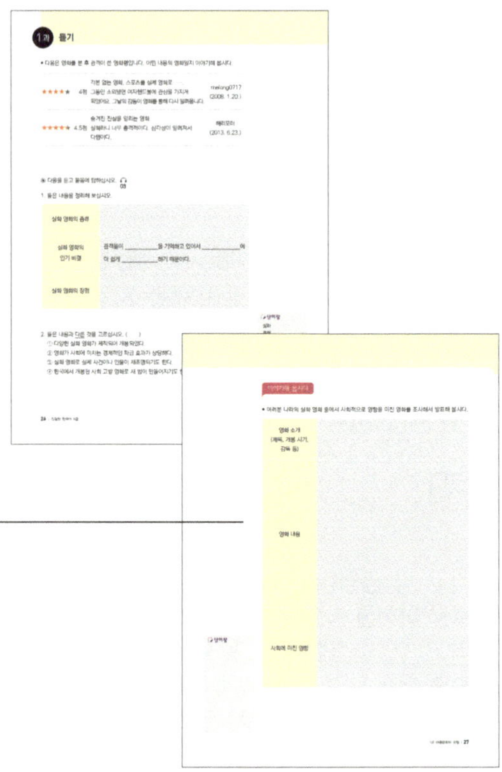

이야기해 봅시다 : 들은 후 단계로 들은 내용과 관련된 주제에 대해 자신의 경험이나 생각을 자유롭게 이야기해 보도록 하였다.

• 읽기

삽화 및 사진 : 읽기 전 단계로 주제와 관련된 정보를 이야기하면서 읽을 내용을 예측하고 주제에 대한 배경 지식을 활성화할 수 있게 하였다.

읽기 지문 : 다양한 유형의 글을 읽기 자료로 제시하여 내용과 관련된 정보를 얻고 어휘나 표현을 확장할 수 있게 하였다.

읽기 문제 : 읽은 내용을 문단별로 정리한 후 내용을 이해하였는지 확인하는 문제를 제시하였다.

이야기해 봅시다 : 읽은 후 단계로 읽은 내용과 관련된 주제에 대해 자신의 경험이나 생각을 자유롭게 이야기해 보도록 하였다.

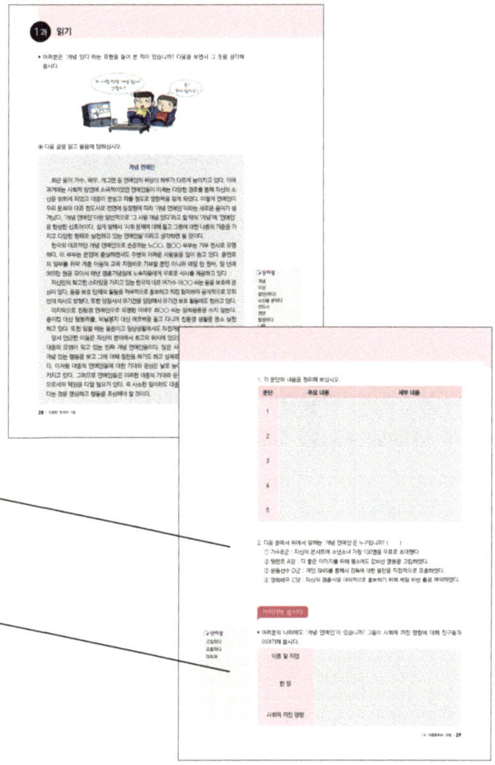

1과 읽기

• 쓰기

개요 쓰기 : 각 단원과 관련된 주제를 선정하였다. 글을 쓰기 전에 개요를 작성하여 글쓰기를 준비할 수 있게 하였다.

원고지 쓰기 : 개요를 바탕으로 다양한 주제의 글을 써 보는 연습을 하게 하였다.

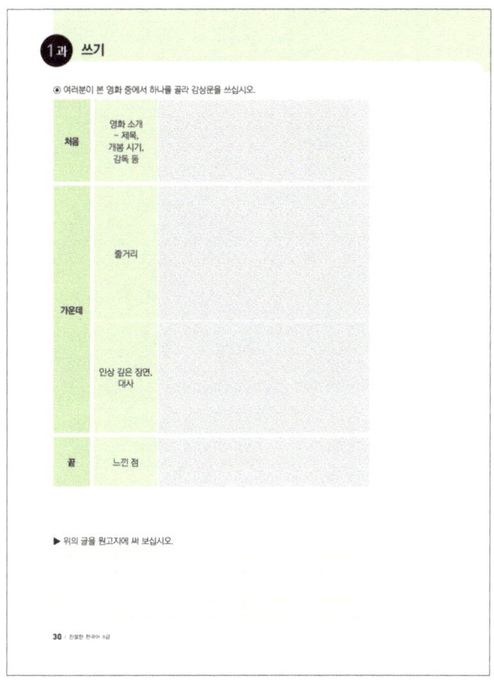

1과 쓰기

◉ 여러분이 본 영화 중에서 하나를 골라 감상문을 쓰십시오.

처음	영화 소개 - 제목, 개봉 시기, 감독 등	
가운데	줄거리	
	인상 깊은 장면, 대사	
끝	느낀 점	

▶ 위의 글을 원고지에 써 보십시오.

- **속담과 관용어**

속담 : 속담이 사용된 상황으로 대화문을 구성하여 속담이 사용되는 담화 상황과 맥락을 이해할 수 있도록 하였다. 속담의 의미와 사용되는 상황 등에 대해 이해가 되었다면 학습자 스스로가 속담을 사용하여 대화를 구성해 볼 수 있도록 하였다.

관용어 : 해당 관용어가 실제 의사소통 상황에서 어떻게 사용되는지를 대화를 통해 제시하였다.

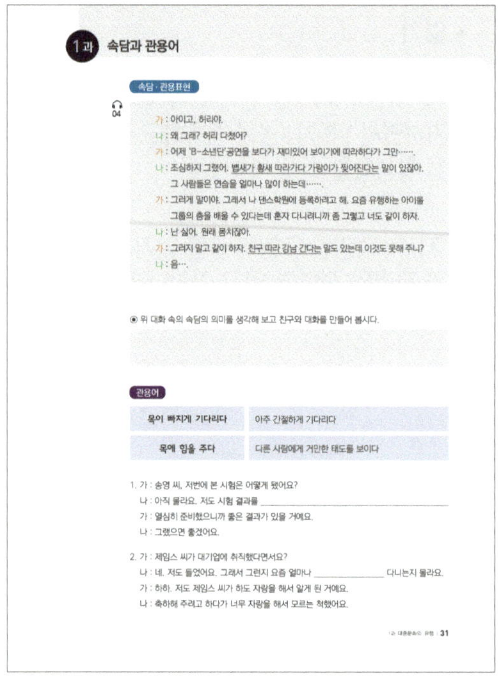

1과 속담과 관용어

속담 · 관용표현

04

가 : 아이고, 허리야.
나 : 왜 그래? 허리 다쳤어?
가 : 어제 'B-소년단' 공연을 보다가 재미있어 보이기에 따라하다가 그만…….
나 : 조심하지 그랬어. 뱁새가 황새 따라가다 가랑이가 찢어진다는 말이 있잖아. 그 사람들은 연습을 얼마나 많이 하는데…….
가 : 그러게 말이야. 그래서 나 댄스학원에 등록하려고 해. 요즘 유행하는 아이돌 그룹의 춤을 배울 수 있다는데 혼자 다니려니까 좀 그렇고 너도 같이 하자.
나 : 난 싫어. 원래 몸치잖아.
가 : 그러지 말고 같이 하자. 친구 따라 강남 간다는 말도 있는데 이것도 못해 주니?
나 : 음….

◉ 위 대화 속의 속담의 의미를 생각해 보고 친구와 대화를 만들어 봅시다.

관용어

목이 빠지게 기다리다	아주 간절하게 기다리다
목에 힘을 주다	다른 사람에게 거만한 태도를 보이다

1. 가 : 송영 씨, 저번에 본 시험은 어떻게 됐어요?
   나 : 아직 몰라요. 저도 시험 결과를 ____________
   가 : 열심히 준비했으니까 좋은 결과가 있을 거예요.
   나 : 그랬으면 좋겠어요.

2. 가 : 제임스 씨가 대기업에 취직했다면서요?
   나 : 네. 저도 들었어요. 그래서 그런지 요즘 얼마나 ________ 다니는지 몰라요.
   가 : 하하. 저도 제임스 씨가 하도 자랑을 해서 알게 된 거예요.
   나 : 축하해 주려고 하다가 너무 자랑을 해서 모르는 척했어요.

31

1과 대중문화와 유행

학습목표

| **대화** 한류마케팅
| **읽고 말하기** 대중문화의 영향

| **듣기** 실화 영화
| **읽기** 개념연예인
| **쓰기** 영화 감상문

| **문학 나들이** 라디오와 같이 사랑을 끄고 켤 수 있다면 (장정일)

| **문법과 표현 1** -기는커녕
| **문법과 표현 2** -(으)ㅁ에도 불구하고

| **속담과 관용어**
뱁새가 황새 따라가다 가랑이 찢어진다
친구 따라 강남 간다
목이 빠지게 기다리다 / 목에 힘을 주다

대화 한류마케팅

01

기무라 : 민지 씨, 지금 마시고 있는 게 뭐예요? 색이 참 예쁘네요.

민 지 : 아, 이거 마시는 식초 음료예요. 저도 건강을 생각해서 앞으론 탄산음료 대신 이런 웰빙 음료를 마시려고 해요. TV광고 속의 연예인처럼 날씬해진다면 더 좋고요.

기무라 : 그러고 보니 일본에서도 한국 가수가 출연한 비슷한 제품 광고가 있었어요. 일본에서도 K-POP열풍은 대단하거든요. 식품업계에서 한류스타를 광고 모델로 기용해 일본 시장에서 대박을 터트렸다는 신문기사도 본 적이 있어요. 한국 기업들이 건강과 미용을 중시하는 일본인의 소비 성향을 마케팅에 적절히 활용한 셈이지요.

민 지 : 맞아요. 한류스타를 통해 한국에 대한 이미지가 좋아지게 되고 이와 함께 한국 기업과 상품에 대한 인지도 또한 높아져요. 이것이 기업의 매출 증대로까지 연결되는 거지요.

기무라 : 역시 경제를 전공하는 학생답네요. 민지 씨 말대로 이런 한류 마케팅이 한국 경제 발전에도 큰 몫을 할 수 있는 거군요.

민 지 : 네. 하지만 좀 더 신중하게 접근해야 해요. 무엇보다 우수한 상품을 지속적으로 개발하고 그 품질을 유지하는 것이 중요하겠지요. 자칫 한탕주의에 빠져 수익만 생각한다면 매출 증대는커녕 오히려 한국에 대한 실망감과 부정적인 이미지만 키우게 될 거예요.

기무라 : 그런 일이 있어서는 안 되겠네요.

단어장

탄산음료
열풍
기용하다
대박을 터트리다
마케팅
매출
증대
자칫
한탕주의

대답해 봅시다

1. 일본에서의 한류 마케팅 사례에는 어떤 것이 있었습니까?

2. 기업들의 한류 마케팅은 어떻게 이루어집니까?

한류스타를 광고 모델로 기용	➡		➡		➡	

이야기해 봅시다

● 다음은 한류 마케팅과 관련된 신문 기사의 제목입니다. 어떤 내용일지 이야기해 봅시다.

'한류기차' 타go!
신나go!
즐겁go!

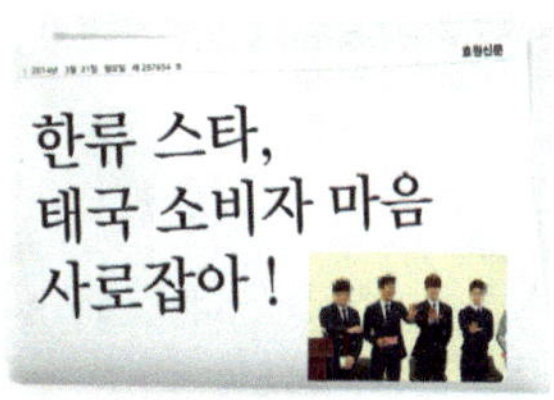
한류 스타,
태국 소비자 마음
사로잡아!

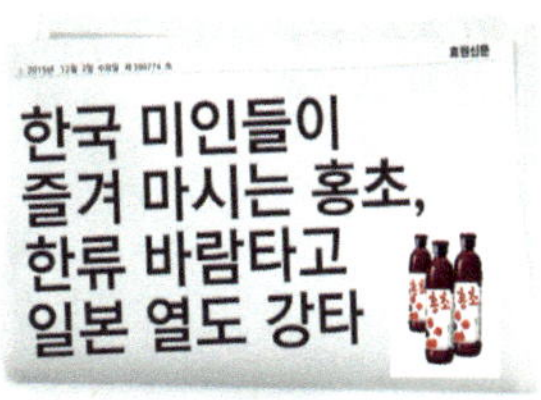
한국 미인들이
즐겨 마시는 홍초,
한류 바람타고
일본 열도 강타

1. 여러분 나라에서는 어떤 광고에 어떤 한류 스타가 모델로 기용되었습니까?

단어장

2. 여러분이 좋아하는 한류 스타는 누구입니까? 그 스타는 어떤 제품의 광고에 어울립니까? 그 이유는 무엇입니까?

한류 스타 이름	제품	추천 이유

-기는커녕

앞의 사실을 부정하면서 뒤의 사실도 당연히 아니거나 오히려 더 심하다는 것을 강조할 때 사용한다.

예 문

- 이번 열애설에 대하여 가수 A씨는 영화배우 B씨와 사귀기는커녕 만난 적도 없다고 해명했다.
- 바빠서 제주도는커녕 해운대도 갈 수가 없어요.

앞의 사실에 대하여 뒤의 사실이 일반적으로 기대하는 것과 다르게 나타남을 강조한다.

예 문

- 선물을 줬는데 친구가 고마워하기는커녕 오히려 부담스러워했다.
- 계속되는 질문에 짜증을 내기는커녕 웃으며 손님을 대하는 직원 모습에 놀랐다.

연습 1 〈보기〉와 같이 대화를 완성하십시오.

〈보기〉

가 : 두 사람이 얼마 전에 싸웠다던데 화해했어요?
나 : 아니요. 화해하기는커녕 인사도 안 해요.

1. 가 : 이번 프로젝트 계획안은 다 완성했어?
   나 : 아니. ______________________________
2. 가 : 송영 씨 이모는 결혼하셨어요?
   나 : 아니요. ______________________________
3. 가 : 고향을 떠난 지 오래되었으면 그 곳을 많이 잊었겠네요.
   나 : 아니요. ______________________________
4. 가 : 민지 씨는 외동딸이라서 귀하게 자랐겠어요.
   나 : 네? 아니에요. ______________________________

단어장

열애설
해명하다
짜증을 내다
화해하다

연습 2 〈보기〉의 내용을 바꾸어 아래의 빈칸을 완성하십시오.

〈보기〉

① 욕심쟁이 형 놀부는 동생을 보살피지 않고 오히려 집에서 쫓아냈어요.
② 흥부는 고기를 먹을 수 없었을 뿐만 아니라 밥도 없어서 자주 굶었어요.
③ 밥을 얻지도 못하고 뺨만 맞고 돌아왔어요.
④ 기대했던 보물은 없었고 도깨비가 나와서 욕심 많은 놀부를 혼내 줬어요.

↓

옛날 옛날에 흥부와 놀부가 살았는데 놀부는 욕심 많은 형이었고 흥부는 착한 동생이었어요. 부모님이 돌아가시면서 형 놀부에게 동생 흥부를 잘 보살피라고 부탁했어요. ①욕심쟁이 형 놀부는 동생을 보살피기는커녕 집에서 쫓아냈어요. 흥부는 열심히 일했지만 가난에서 벗어날 수 없었지요. 흥부는 ②______________________________. 어느 날 배가 너무 고팠던 흥부는 놀부 집에 밥을 얻으러 가지만 ③______________________________.

착한 흥부는 어느 날, 다친 제비의 다리를 고쳐주었는데 고마움의 표시로 제비가 씨를 가져다주었어요. 제비가 준 씨에서 열린 열매 안에 많은 보물이 있어서 흥부는 부자가 되어 행복하게 살게 되었어요.

한편, 제비의 다리를 고쳐서 부자가 된 흥부의 이야기를 듣고 놀부는 제비를 찾아서 다리를 일부러 부러뜨린 후 고쳐줬어요. 제비가 놀부에게도 씨를 가져다주었고 열매가 열렸어요. 그런데 그 열매 안에는 ④______________________________.

연습 3 다음을 사용하여 문장을 만들어 보십시오.

- -기는커녕 -도/조차
- -기는커녕 오히려

단어장
보물
일부러
부러뜨리다

하나 더

'-은/는 고사하고, -은/는 말할 것도 없고'와 비슷하다.

- 방학동안 여행은 고사하고 아르바이트 하느라 제대로 쉬지도 못 했어요.
- 새로 이사 간 집에는 나무는 말할 것도 없고 꽃 한 송이 심을 땅도 없었다.

1과 문법과 표현 2

-(으)ㅁ에도 불구하고

앞의 상황으로 기대되는 일반적인 결과와는 다르거나 반대로 나타낼 때 사용한다.

예 문

- 그 책을 읽었음에도 불구하고 내용이 전혀 기억이 나지 않아요.
- 이 영화는 내용이 무거움에도 불구하고 대중들에게 크게 인기를 끌었다.
- 불황기임에도 불구하고 해외여행 상품은 기대 이상의 성과를 거두고 있다.
- 궂은 날씨에도 불구하고 오늘 결혼식에 참석해 주신 여러분께 감사드립니다.

연습 1 〈보기〉와 같이 대화를 완성하십시오.

〈보기〉

가 : 작년에 비해 판매량이 늘었다면서요?

나 : 판매량이 늘었음에도 불구하고 원료의 가격이 상승해서 수입은 줄었어요.

1. 가 : 요즘 시골에서 살려는 사람들이 증가하는 추세지요?

   나 : 네. 그것은 시골 생활이 ______________________________

2. 가 : 왜 헬렌 켈러가 위대한 인물이라고 생각합니까?

   나 : ______________________________ 사회복지를 위해 노력했기 때문이죠.

3. 가 : 이번 선거에서 그 후보가 당선된 이유는 뭐라고 생각하십니까?

   나 : ______________________________

4. 가 : 정크푸드 광고를 금지한 후 달라진 점이 있습니까?

   나 : ______________________________

단어장

불황기
궂다
원료

연습 2 다음 글을 읽고 〈보기〉처럼 문장을 정리해 보십시오.

〈보기〉

링컨은 누구보다도 실패를 많이 경험한 사람이었다. 대통령이 되기까지 8번이나 선거에서 떨어졌고 사업에도 두 번이나 실패했다. 하지만 그는 결코 포기하지 않고 계속 도전했고 결국 16대 대통령으로 당선되어 국민들의 존경을 받았다.

→ 링컨은 실패를 많이 했음에도 불구하고 포기하지 않고 계속 도전해서 존경받는 대통령이 되었다.

1. 닉 부이치치는 태어날 때부터 팔, 다리가 없었던 사람이다. 10살 때 자살을 생각했지만 가족과 친구들의 관심으로 살아갈 용기를 얻고 지금은 희망을 주는 연설가로 살아가고 있다.

→ ______________________________

____

2. 축구 선수 펠레는 어렸을 때 키가 작아서 축구를 포기하라는 말까지 들었지만 다른 사람들보다 더 열심히 뛰고 더 노력하여 훌륭한 선수가 되었다.

→ ______________________________

____

3. 레오나르도 다빈치는 당시에는 크게 주목받지 못했다. 그러나 그는 꾸준히 자신의 작품 세계를 추구하였고 지금은 최고의 화가로 평가받고 있다.

→ ______________________________

____

단어장

연습 3 다음을 사용하여 문장을 만들어 이야기해 보십시오.

- -(으)ㅁ에도 불구하고 -지 못하다
- -(으)ㅁ에도 불구하고 -아/어 내다

02

특정 사회나 계층에 한정되지 않고 대중이 공통으로 쉽게 접하며 향유하는 문화를 대중문화라고 한다. 드라마, 영화, 가요 등이 그 예이다. 대중문화는 다수가 누리는 문화이기 때문에 대량으로 생산되고 대량으로 소비된다는 특징이 있다. 이렇게 생산된 대중문화는 대중 매체를 통해 전달되고 유통된다. 텔레비전, 라디오, 인터넷, 신문 등이 대중문화를 전달하는 주요 매체이다. 대중문화의 발달은 대중 매체의 발달로 이어져 대중문화의 확산 속도가 더 빨라지고 공유되는 범위 또한 넓어졌다.

대중문화는 대중의 삶의 질을 향상시켰다는 점에서 긍정적인 측면이 있다. 과거 소수 특권층만 누리던 문화를 대중이 큰 부담 없이 즐길 수 있게 된 것이다. 또한 대중문화는 사람들이 여가 시간을 즐겁게 보낼 수 있도록 다양한 오락을 제공하여 생활의 활력소가 되기도 한다.

이렇듯 대중문화가 우리 사회를 긍정적으로 바꿀 정도로 큰 힘이 있음에도 불구하고 때로는 획일성과 같은 부정적인 영향을 주기도 한다. 이러한 획일성의 예는 아이들이 드라마나 영화에서 본 연예인의 옷차림을 맹목적으로 똑같이 따라 하고 연예인이 사용한 잘못된 표현을 그대로 사용하는 것에서 찾아볼 수 있다. 심지어는 그것을 말려야 할 어른들이 만류하기는커녕 오히려 그러한 문화를 부추기는 경우도 있다.

대중문화를 바람직하게 수용하기 위해서는 대중문화를 맹목적으로 받아들이는 수동적인 자세에서 벗어나야 한다. 즉, 대중문화에 대해 비판적인 시각을 가져야 할 뿐만 아니라 다양한 방법으로 정보를 선택하고 비교할 줄 알아야 하는 것이다.

단어장

- 계층
- 향유하다
- 유통되다
- 향상시키다
- 획일성
- 맹목적
- 만류하다
- 부추기다
- 수용하다
- 수동적

대답해 봅시다

1. '대중문화'란 무엇입니까?

2. 대중문화의 긍정적인 측면과 부정적인 측면은 무엇입니까?

	내용
긍정적인 측면	
부정적인 측면	

이야기해 봅시다

1. 대중문화의 순기능과 역기능에 대해서 알아봅시다.

순기능	역기능
•	•
•	•
•	•

단어장
순기능
역기능

2. 위의 내용을 바탕으로 대중문화에 대한 자신의 생각을 발표해 봅시다.

대중문화는 ______________다는 점에서 대중들에게 긍정적인 영향을 준다. 또한 ______________ 대중문화의 순기능으로 볼 수 있다. 반면에 ______________, ______________ 등의 역기능도 무시할 수 없는 부분이다. 그러므로 ____________________________________ ________.

1과 어휘 확장

- 다음은 대중문화와 관련된 어휘들입니다. 관련 있는 것끼리 연결하십시오.

1. 각색 •	• 문학 작품을 희곡이나 시나리오로 고쳐 쓰는 일
2. 공연 •	• 실제로 있는 이야기. 또는 실제로 있었던 이야기
3. 연출 •	• 음악, 무용, 연극 등을 많은 사람 앞에서 보이는 일
4. 실화 •	• 연극, 영화 등을 요금을 받고 대중에게 보여 크게 성공함
5. 흥행 •	• 각본을 바탕으로 배우의 연기, 무대 장치, 의상, 조명, 분장 등 여러 부분을 종합적으로 지도하여 작품을 완성하는 일

- 다음에서 알맞은 단어를 골라 대화를 완성하십시오.

여론 | 익명성 | 사회 고발 | 표현의 자유 | 사생활 침해

1. 가 : 이 설문조사는 왜 하는 거래요?
   나 : 학칙을 개정하는 데 학생들의 ______________ 반영하기 위해서래요.
2. 가 : 회사에 불만이 있거나 건의사항이 있는 사람은 게시판에 올리라고 하는데 의견을 올린 사람이 한 명도 없네요.
   나 : ______________ 보장되지 않는 한 글을 올리기는 힘들 거예요.
3. 가 : 아무리 연예인이라고 해도 사생활까지 모두 공개되는 건 심하지 않아요?
   나 : 그러니까요. 본인이 원하지 않는데 공개되는 건 ______________ 생각해요.
4. 가 : '도가니' 읽어 봤어요? 장애가 있는 아이들에게 어떻게 그럴 수가 있어요?
   나 : 저도 읽었어요. 그런 ______________ 소설이나 영화를 보면 정말 화가 나서 견딜 수가 없어요.
5. 가 : 이번에 새로 나온 영화가 너무 폭력적이라서 몇 장면을 삭제했다면서?
   나 : 그러면 감독의 의도를 제대로 이해할 수 있을까? 영화도 ______________ 필요하다고 생각되는데…….

단어장
희곡
시나리오
각본
학칙
개정하다
보장되다
사생활
공개되다

• 다음에서 알맞은 단어를 골라 문장을 완성하십시오.

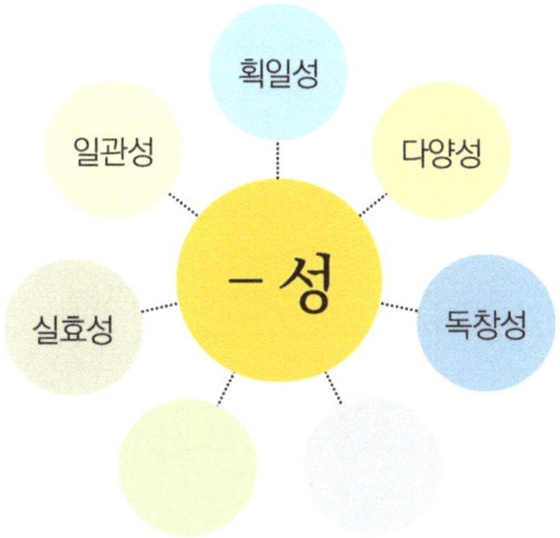

1. ________ 인정되고 개성이 존중되는 사회가 바람직한 사회이다.

2. 교복 착용과 두발의 통일은 구시대의 ________ 잘 보여주는 예이다.

3. 글을 쓸 때에는 논지를 처음부터 끝까지 ________ 있게 유지해야 한다.

4. 이번에 정부가 발표한 부동산 정책은 __________ 떨어져서 국민들의 호응을 받지 못하고 있다.

5. 그 회사가 만든 광고를 보면 다른 광고와 차별되는 __________ 가지고 있다는 것을 알 수 있다.

6. ____

7. ____

단어장
두발
통일
논지
호응을 받다

1과 듣기

• 다음은 영화를 본 후 관객이 쓴 영화평입니다. 어떤 내용의 영화일지 이야기해 봅시다.

★★★★★	4점	각본 없는 영화, 스포츠를 실제 영화로……. 그동안 소외됐던 여자핸드볼에 관심을 가지게 되었어요. 그날의 감동이 영화를 통해 다시 밀려옵니다.	melong0717 (2019.11.20.)
★★★★★	4.5점	숨겨진 진실을 알리는 영화. 실화라니 너무 충격적이다. 심각성이 알려져서 다행이다.	해리포터 (2019.12.23.)

◉ 다음을 듣고 물음에 답하십시오. 03

1. 들은 내용을 정리해 보십시오.

실화 영화의 종류	
실화 영화의 인기 비결	관객들이 __________을 기억하고 있어서 __________에 더 쉽게 __________하기 때문이다.
실화 영화의 장점	

2. 들은 내용과 <u>다른</u> 것을 고르십시오. (   )
   ① 다양한 실화 영화가 제작되어 개봉되었다.
   ② 영화가 사회에 미치는 경제적인 파급 효과가 상당하다.
   ③ 실화 영화로 실제 사건이나 인물이 재조명되기도 한다.
   ④ 한국에서 개봉된 사회 고발 영화로 새 법이 만들어지기도 한다.

단어장
- 실화
- 흥행
- 보증(하다)
- 줄줄이
- 공감하다
- 이슈
- 재발(하다)
- 제정되다
- 파급
- 재조명되다
- 고발(하다)

이야기해 봅시다

- 여러분이 알고 있는 실화 영화를 소개해 보십시오.

영화 소개 (제목, 개봉 시기, 감독 등)	
영화 내용	
사회에 미친 영향	

단어장

- 여러분은 '개념 있다'라는 표현을 들어 본 적이 있습니까? 다음을 보면서 그 뜻을 생각해 봅시다.

◉ 다음 글을 읽고 물음에 답하십시오.

개념 연예인

최근 들어 가수, 배우, 개그맨 등 연예인의 위상이 하루가 다르게 높아지고 있다. 이에 과거에는 사회적 발언에 소극적이었던 연예인들이 이제는 다양한 경로를 통해 자신의 소신을 밝히게 되었고 대중이 본받고 따를 정도로 영향력을 갖게 되었다. 이렇게 연예인이 우리 문화의 대표 전도사로 전면에 등장함에 따라 '개념 연예인'이라는 새로운 용어가 생겨났다. '개념 연예인'이란 일반적으로 '그 사람 개념 있다'라고 할 때의 '개념'에 '연예인'을 합성한 신조어이다. 쉽게 말해서 '사회 문제에 대해 옳고 그름에 대한 나름의 기준을 가지고 다양한 형태로 실천하고 있는 연예인들'이라고 생각하면 될 것이다.

한국의 대표적인 개념 연예인으로 손꼽히는 노○○, 정○○ 부부는 기부 천사로 유명하다. 이 부부는 본업에 충실하면서도 주변의 어려운 사람들을 많이 돕고 있다. 출연료의 일부를 취약 계층 아동의 교육 지원비로 기부할 뿐만 아니라 매일 만 원씩, 일 년에 365만 원을 모아서 매년 결혼기념일에 노숙자들에게 무료로 식사를 제공하고 있다.

자신만의 확고한 스타일을 가지고 있는 한국의 대표 여가수 이○○ 씨는 동물 보호에 관심이 많다. 동물 보호 단체의 활동을 적극적으로 홍보하고 직접 참여하며 공개적으로 모피 반대 의사도 밝혔다. 또한 앞장서서 유기견을 입양해서 유기견 보호 활동에도 힘쓰고 있다.

마지막으로 친환경 연예인으로 유명한 여배우 최○○ 씨는 일회용품을 쓰지 않는다. 종이컵 대신 텀블러를, 비닐봉지 대신 에코백을 들고 다니며 친환경 생활을 몸소 실천하고 있다. 또한 일할 때는 물론이고 일상생활에서도 자전거를 타고 다닌다고 한다.

앞서 언급한 이들은 자신의 분야에서 최고의 위치에 있으면서도 소신 있는 행동으로 대중의 모범이 되고 있는 진짜 개념 연예인들이다. 많은 사람들은 이러한 연예인들의 개념 있는 행동을 보고 그에 대해 칭찬을 하기도 하고 실제로 그 행동을 따라 하기도 한다. 이처럼 대중의 연예인들에 대한 기대와 관심은 날로 높아지고 있으며 그 영향력도 커지고 있다. 그러므로 연예인들은 이러한 대중의 기대와 관심에 부응하기 위해서 공인으로서의 책임을 다할 필요가 있다. 즉 사소한 일이라도 대중에게 큰 영향을 미칠 수 있다는 것을 명심하고 행동을 조심해야 할 것이다.

단어장

개념
위상
발언(하다)
소신을 밝히다
전도사
전면
합성하다
나름
취약
확고하다
공개적
모피
몸소
언급하다
부응하다
공인
명심하다

1. 각 문단의 내용을 정리해 보십시오.

문단	주요 내용	세부 내용
1		
2		
3		
4		
5		

2. 다음 중에서 위에서 말하는 '개념 연예인'은 누구입니까? (　　)

① 가수 B군 : 자신의 콘서트에 소년소녀 가장 100명을 무료로 초대했다.

② 탤런트 A양 : 더 좋은 이미지를 위해 평소에도 값비싼 명품을 고집하였다.

③ 운동선수 D군 : 개인 SNS를 통해서 감독에 대한 불만을 직접적으로 표출하였다.

④ 영화배우 C양 : 자신의 결혼식을 대외적으로 홍보하기 위해 제일 비싼 홀을 예약하였다.

이야기해 봅시다

- 여러분의 나라에도 '개념 연예인'이 있습니까? 그들이 사회에 끼친 영향에 대해 친구들과 이야기해 봅시다.

이름 및 직업	
한 일	
사회에 끼친 영향	

단어장

고집하다
표출하다
대외적

◉ 여러분이 본 실화 영화 중에서 하나를 골라 감상문을 쓰십시오.

처음	영화 소개 - 제목, 개봉 시기, 감독 등	
가운데	줄거리	
	인상 깊은 장면, 대사	
	이 영화가 사회와 개인에게 끼친 영향	
끝	느낀 점	

▶ 위의 글을 원고지에 써 보십시오.

속담 · 관용표현

04

가 : 아이고, 허리야.
나 : 왜 그래? 허리 다쳤어?
가 : 어제 'B-소년단' 공연을 보다가 재미있어 보이기에 따라하다가 그만…….
나 : 조심하지 그랬어. 뱁새가 황새 따라가다 가랑이가 찢어진다는 말이 있잖아. 그 사람들은 연습을 얼마나 많이 하는데…….
가 : 그러게 말이야. 그래서 나 댄스학원에 등록하려고 해. 요즘 유행하는 아이돌 그룹의 춤을 배울 수 있다는데 혼자 다니려니까 좀 그렇고 너도 같이 하자.
나 : 난 싫어. 원래 몸치잖아.
가 : 그러지 말고 같이 하자. 친구 따라 강남 간다는 말도 있는데 이것도 못해 주니?
나 : 음…….

◉ 위 대화 속의 속담의 의미를 생각해 보고 친구와 대화를 만들어 봅시다.

관용어

목이 빠지게 기다리다	아주 간절하게 기다리다
목에 힘을 주다	다른 사람에게 거만한 태도를 보이다

1. 가 : 송영 씨, 저번에 본 시험은 어떻게 됐어요?
   나 : 아직 몰라요. 저도 시험 결과를 ______________________
   가 : 열심히 준비했으니까 좋은 결과가 있을 거예요.
   나 : 그랬으면 좋겠어요.

2. 가 : 제임스 씨가 대기업에 취직했다면서요?
   나 : 네. 저도 들었어요. 그래서 그런지 요즘 얼마나 ______________ 다니는지 몰라요.
   가 : 하하. 저도 제임스 씨가 하도 자랑을 해서 알게 된 거예요.
   나 : 축하해 주려고 하다가 너무 자랑을 해서 모르는 척했어요.

라디오와 같이 사랑을 끄고 켤 수 있다면

장정일 (1962~)

내가 단추를 눌러 주기 전에는
그는 다만
하나의 라디오에 지나지 않았다.

내가 그의 단추를 눌러 주었을 때
그는 나에게로 와서
전파가 되었다.

내가 그의 단추를 눌러 준 것처럼
누가 와서 나의
굳어 버린 핏줄기와 황량한 가슴 속 버튼을 눌러 다오
그에게로 가서 나도
그의 전파가 되고 싶다.

우리들은 모두
사랑이 되고 싶다.
끄고 싶을 때 끄고 켜고 싶을 때 켤 수 있는
라디오가 되고 싶다.

2과 언어와 생활

학습목표

| 대화 문자의 다양한 쓰임새
| 읽고 말하기 통신언어

| 듣기 한글 지킴이 동아리
| 읽기 사투리 사용
| 쓰기 사투리 보존에 대한 입장

| 문학 나들이 귀천 (천상병)

| 문법과 표현1 -되
| 문법과 표현2 -거니와

| 속담과 관용어
고기는 씹어야 맛이고 말은 뱉어야 맛이다
한 번 뱉은 말은 주워 담을 수 없다
입이 무겁다 / 침이 마르다

2과 대화 문자의 다양한 쓰임새

05

민 지 : 제임스, 그 모자 뭐야? 외국인? 그렇게 써 붙이고 다니지 않아도 네가 외국인인 거 다 알아.

제임스 : 아, 이거? 재미있지? 근데 이건 내가 한글을 모를 때 여행 와서 산 거야. 그때는 의미를 모르고 그저 예뻐서 샀는데 의미를 알고 나서 얼마나 웃었는지 몰라.

민 지 : 이 모자가 예뻐 보였어?

제임스 : 응. 한글을 모를 때는 그냥 무늬라고 생각했어. 거리에서 이런 모자만 파는 가게를 지나는데 다 예뻐 보이더라고. 근데 나만 한글이 예쁘다고 생각하는 거 아니야.

민 지 : 너 말고도 한글을 아름답게 보는 사람이 있단 말이야?

제임스 : 몰랐어? 세계적인 브랜드의 디자이너가 한글을 보고 반해서 드레스에 써 넣은 것이 화제가 된 적이 있었어. 최근에는 한국의 예술가들도 옷이나 도자기, 심지어 건축물 같은 작품에 한글을 사용하면서 세계무대에서 호평을 받고 있다고.

민 지 : 이야. 외국에서 우리나라의 문자가 사랑을 받는다니 기분 좋은 일인데. 나도 한글로 디자인된 상품을 본 적이 있어. 그런데 나는 상품에 한글이 있으면 그 의미를 생각하게 돼.

제임스 : 그랬어? 나도 물건에 영어가 적혀 있는 걸 본 적이 많아. 그런데 그중에는 맞지 않는 말도 많고 영어에 없는 표현들도 많아서 이상하다고 생각했었어.

민 지 : 이왕이면 좋은 표현, 맞는 말을 예쁘게 써 넣으면 더 좋을 것 같아.

제임스 : 그럼 더할 나위 없이 좋겠지.

민 지 : 근데 너 모자 쓴 거 보니까 나도 한글 모자를 하나 갖고 싶어진다. 나한테는 어떤 게 어울릴까?

제임스 : 음……. '애인 구함' 아니면 '남친 없음' 어때?

민 지 : 어이구. 됐어.

단어장

- 그저
- 호평
- 이왕이면
- 더할 나위 없이

대답해 봅시다

1. 한글이 문자 이외의 다른 용도로 활용된 구체적인 사례로 어떤 것이 소개되었습니까?

2. 제임스와 민지는 문자가 디자인으로 이용되는 것에 대해서 어떻게 생각합니까?

이야기해 봅시다

• 다음을 보고 이야기해 보십시오.

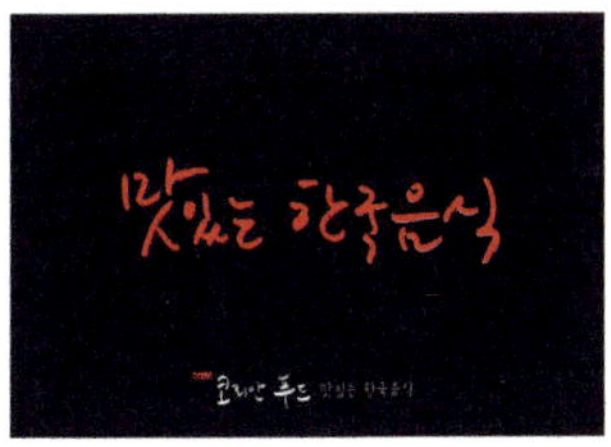

1. 한글을 디자인으로 쓴 상품을 본 적이 있습니까? 어땠습니까?

2. 여러분 나라의 문자를 상품 디자인에 사용한 사례를 알고 있습니까?

3. 한글을 상품 디자인에 활용한다면 어떤 상품에 어떤 단어나 문구를 넣어서 만들고 싶습니까?

상품	단어나 문구	이유

단어장

-되

앞 문장의 사실에 자세한 설명을 더하거나 조건이 있음을 나타낸다.

예 문

- 표준어는 글자를 소리 나는 대로 적되 문법에 맞게 적어야 한다.
- 마라톤을 할 때는 뛰는 그 순간을 즐기되 무리해서는 안 된다.
- 박물관에서는 자유롭게 관람하되 주위사람들에게 피해를 주는 행동은 삼가야 한다.

연습 1 〈보기〉와 같이 문장을 완성하십시오.

〈가〉	〈나〉
토론에서는 상대방의 의견에 반박하다 •	• 본인이 제일 잘한다는 자만심을 버려야 하다
무엇이든지 잘할 수 있다는 자신감을 갖다 •	• 표정이나 말투를 부드럽게 해야 하다
화장이나 옷으로 자신을 꾸미다 •	• 동물성 단백질을 적당히 섭취해야 하다
채식위주의 식단을 짜다 •	• 원문의 의미를 잃지 않도록 번역하다
외국어의 표현을 한국적 표현으로 바꾸다 •	• 거부감이 들 정도로 지나치면 안 되다

〈보기〉

토론에서는 상대방의 의견에 반박은 하되 표정이나 말투는 부드럽게 해야 한다.

1. ______________________________

2. ______________________________

3. ______________________________

4. ______________________________

단어장

표준어
삼가다
자만심
원문
번역하다
지나치다

연습 2 다음 상황에 적절한 대처 방법을 이야기해 봅시다.

상황	대처 방법
약속을 잘 안 지키는 친구가 돈을 빌려 달라고 한다.	• 돈은 빌려주되 받을 날짜를 확실히 정한다. • •
현재 다이어트 중이다. 그런데 친구가 뷔페에서 생일파티를 한다고 초대했다.	• •
나는 술이 약하다. 그런데 오늘 중요한 회식이 있다.	• •
	• •

단어장
대처(하다)

연습 3 다음을 사용하여 문장을 만들어 이야기해 보십시오.

- −되 −아/어/여야 하다
- −되 −(으)면 안 되다

-거니와

앞의 사실을 인정하면서 앞의 사실에 다른 사실을 덧붙여서 말할 때 사용한다.

예 문

- 새로 생긴 쇼핑몰은 가격도 싸거니와 품질도 좋다.
- 정치인들의 부패는 정치에도 영향을 미치거니와 경제에도 영향을 미친다.
- 그 드라마는 배우들의 연기도 엉망이거니와 내용도 형편없어요.

연습 1 〈보기〉와 같이 대화를 완성하십시오.

〈보기〉

가 : 김 대리는 자신이 맡은 일을 끝까지 책임지고 하는 것 같아요.

나 : 맞아요. 김 대리는 책임감도 있거니와 신중하기도 해서 어떤 일도 믿고 맡길 수 있어요.

1. 가 : '태백산맥'이라는 소설은 총 10권이라는데 그 양이 엄청나네요.

   나 : 분량도 ________________ 등장인물도 많아서 외국인들이 읽기에는 어려울 거예요.

2. 가 : 다른 나라에 여행을 갈 때 현지어로 인사말 정도는 알고 있어야겠지?

   나 : 그렇지. 언어적인 의사소통법도 ________________ 그 나라의 문화도 알아둬야 해.

3. 가 : 이웃사촌이라는 말도 이제는 옛말이 되어 버렸어요.

   나 : 그래요. 이제는 이웃에 관심도 ________________ 마주쳐도 인사조차 하지 않는 상황이 갈수록 심해지고 있어요.

4. 가 : 미인의 조건은 무엇일까요?

   나 : 글쎄요. 미인의 조건은 사람마다 ________________ 시대에 따라서도 달라지는 것 같아요.

단어장
부패
엉망이다
형편없다
분량
현지어

연습 2 다음에 대해서 어떻게 생각합니까? 이야기해 봅시다.

한국어	① 문법이 복잡하다 ② 한자어가 많다 → 한국어는 문법이 복잡하거니와 한자어도 많아서 배우기가 어렵다.
부산	① __________ ② __________ →
그 사람	① __________ ② __________ →
________	① __________ ② __________ →

연습 3 다음을 사용하여 문장을 만들어 이야기해 보십시오.

- –거니와 –(기)도 하다
- –거니와 –조차(도)

단어장
독창적
체계

하나 더

- '–은/는 물론이거니와'라는 표현을 써서 앞의 사실이 당연하고 뒤의 사실도 더 있음을 나타낸다.

가 : 한글이 뛰어난 문자라고들 하는데 그 이유가 무엇인가요?
나 : 독창적인 것은 물론이거니와 아주 과학적인 체계로 되어 있기 때문입니다.

읽고 말하기 통신언어

06

현대 사회는 인터넷과 같은 통신매체의 발달로 통신문화가 급격하게 발달하고 있다. 이러한 사회에서 의사소통을 담당하는 것이 통신언어인데 요즘 이 통신언어에 대해 우려의 목소리가 높아지고 있다.

통신세계에서는 신속함이 생명이기 때문에 지속적으로 언어의 축약이 이루어져 왔다. 그 예로 요일을 뜻하는 '욜','우리를 뜻하는 '울', 선생님을 뜻하는 '쌤' 등이 있다. 언어의 축약은 글자 수를 줄이는 것에 그치지 않고 글자의 자음을 쓰는 것으로까지 진행되는데 'ㅊㅋㅊㅋ, ㄱㅅㄱㅅ' 등이 그 예이다. 이어서 사람의 감정이나 기분을 단 몇 글자로 줄여 버리는 변형어도 등장하기 시작했고 그 대표적인 예가 바로 '즐'(즐겁게 보내라)이다.

통신언어의 이러한 축약된 말과 표현들이 시간을 줄이는 데 도움이 되지 않는 것은 아니다. 하지만 '축하축하'를 'ㅊㅋㅊㅋ'으로 줄여 씀으로 인해서 얻는 시간은 얼마나 될까? 그것은 실로 미미하다. 그런 미미한 시간을 위해 언어의 아름다움을 파괴하고 때로는 의사소통 상황에서 문제를 만들기도 하는 것이 통신언어인 것이다. 통신언어는 또래 친구들끼리 사용하는 일종의 은어다. 친구들끼리 문자를 보내거나 채팅을 할 때는 그런 언어가 유용할 수 있지만 통신 상태가 아닌 일상적인 의사소통 상황에서는 문제가 될 수 있다. 세대가 다르거나 문화가 달라서 못 알아듣는 사람은 당황하기도 하거니와 소외감을 느끼기도 하고 무시를 당하는 경우도 생길 수 있다.

그렇다고 시대의 흐름을 반영하는 이런 언어를 전혀 사용하지 말라는 것은 아니다. 사용은 하되 언어의 아름다움을 파괴하지 않는 선에서 사용해야 할 것이다. 그리고 대상과 상황에 맞게 적절히 사용한다면 언어의 다양성으로써 통신언어가 인정받을 수 있을 것이다.

단어장
- 신속하다
- 축약
- 미미하다
- 또래
- 은어
- 소외감

대답해 봅시다

1. 통신언어의 특징을 정리해 봅시다.

등장 배경	형태 (예)	문제점

2. 통신언어의 바람직한 사용 방법을 어떻게 제시하고 있습니까?

이야기해 봅시다

1. 통신언어의 사용 이유와 문제점에 대해서 알아봅시다.

통신언어의 사용 이유	문제점
• • •	• • •

2. 위의 내용을 바탕으로 통신언어 사용에 대한 자신의 생각을 발표해 봅시다.

통신언어는 ____________ 때문에 많이 사용되고 있다. 또한 ____________도 통신언어를 사용하는 이유 중의 하나이다. 반면에 통신언어는 ______________, __________________ 등의 문제점도 있다. 그래서 나는 통신언어를 사용하되 ____.

단어장

2과 어휘 확장

• 다음은 언어생활과 관련된 어휘들입니다. 알맞은 단어를 골라 대화를 완성하십시오.

착각 | 품위 | 반영하다 | 소홀하다 | 공감대를 형성하다

1. 가 : 나는 내가 봐도 정말 잘 생겼단 말이야. 그렇지 않냐?
   나 : 뭐? ________ 심하면 병이다. 불치병 !

2. 가 : 요즘 학생들은 역사에 대해서 너무 모르는 것 같아서 걱정이에요.
   나 : 그래서 역사 과목을 필수로 하자는 국민적인 ________ 위해서 교사들이 서명 운동을 벌이고 있죠.

3. 가 : 성제훈의 '우리말 편지' 다 읽었어요? 어땠어요?
   나 : 그 책은 그동안 우리가 얼마나 우리말에 ________ 돌아보게 하는 계기가 되는 책인 것 같아요.

4. 가 : 표준어의 정의 중에서 '교양 있는 사람들'이 쓰는 말이라는 게 무슨 뜻이야?
   나 : 교양 있는 사람이란 말이나 행동에 기품이 있는 사람을 말해. 즉, ________ 있는 사람을 뜻하는 거지.

5. 가 : 광고의 수준은 그 나라의 문화와 예술의 수준을 ________.
   나 : 그래서 한국이 광고를 잘 만드나 봐요. 어떤 광고는 마치 한 편의 짧은 드라마같이 줄거리가 있고 재미도 있어요.

• 아래의 단어를 이용하여 문장을 완성하십시오.

거절 | 망신 | 무시 | 해고 + -당하다

1. 그녀는 경제에 대해서 모르면서 아는 체 하다가 ________
2. 그는 지금까지 열 명도 넘는 여자에게 구혼을 했지만 번번이 ________
3. 경기침체가 장기화되자 근로자들이 대량으로 ________
4. 그 남자는 회의에서 자신의 의견이 ________ 문을 박차고 나가 버렸다.

단어장
불치병
서명(하다)
교양
기품
줄거리
구혼하다
경기침체
근로자
대량
박차다

• 다음에서 알맞은 단어를 골라 문장을 완성하십시오.

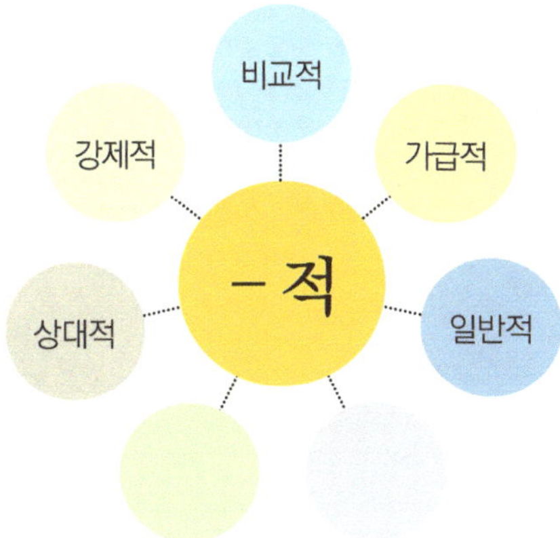

－적(的)

'그 성격을 띠는', '그에 관계된', '그 상태로 된'의 뜻을 더하는 말

1. 그는 우리들의 의도와는 상관없이 그 동호회에 ________________ 가입시켰다.

2. 나는 주말에도 바쁘지만 ____________________ 아이들과 함께 지내려고 한다.

3. 우리 사무실은 도심에 위치하고 있어 __________________ 교통이 편리한 편이다.

4. 국내선 공항은 국제선 공항에 비해 규모가 작은 것이 ______________________

5. 최근에 와서 빈부의 격차로 인하여 __________________ 빈곤감을 느끼는 계층이 늘어나고 있다.

6. ____

7. ____

단어장
- 규모
- 빈부
- 격차
- 빈곤감

2과 듣기

• 다음은 한국 고유어로 된 간판입니다. 어떤 가게일지 이야기해 보십시오.

◉ 다음을 듣고 물음에 답하십시오. 07

1. 피트는 언제부터, 왜 한국에 살게 되었습니까?

2. 피트의 '한글 지킴이 동아리'에 대한 내용을 아래 표에 정리해 보십시오.

동아리를 만든 계기	
동아리 활동	

3. 들은 내용과 다른 것을 고르십시오. (　　)

① 한글은 국외보다 국내에서 더 큰 사랑을 받고 있다.
② 한국 사람들이 한글을 사용하기 시작한 지 573년이 지났다.
③ 미국 LA의 코리아타운에 가면 한글 간판을 많이 볼 수 있다.
④ 한국 사람들의 한글 사랑은 한국인의 정체성을 지키는 것과 관계가 있다.

단어장
고유어
법정
지정되다
취재하다
매료되다
즐비하다
간판
푸대접을 받다
남다르다
서예
소홀히
정체성
새기다

이야기해 봅시다

• 다음의 내용을 조사하여 발표해 봅시다.

1. 부산대학교 앞에 있는 가게의 간판을 조사한다.

2. 간판의 사진을 찍고 그 내용을 표로 정리한다.

간판 이름	의미	한국어			외국어	기타
		고유어	한자어	외래어		
예) 삼천포 횟집	지명		√			

한국어와 외국어 간판의 현황을 비교한다.

3. 조사한 내용을 표나 그래프로 만들어 발표한다.

단어장

- 여러분은 '사투리'를 얼마나 알고 있습니까? 다음의 사투리가 뜻하는 의미가 무엇인지 이야기해 봅시다.

왜? 와그라노?

바야흐로 사투리 전성시대다. 영화는 물론 드라마와 예능 프로그램까지 어느 채널로 돌리든 사투리 한두 마디씩은 꼭 들을 수 있다. 과거 표준어 위주로 대화를 하던 드라마 주인공들도 자연스럽게 사투리를 구사하는 것은 물론이고 사투리를 개그 소재로 활용해 웃음을 유발하는 경우도 많다. 그리고 일부 지역에서는 '사투리 경연 대회'를 열어 그 지역의 사투리를 보존하기 위해 노력하고 있다.

그러나 한편에서는 사투리에 대한 잘못된 인식이 있는 것도 사실이다. 우리 사회에는 아직도 사투리를 사용하면 촌스럽다거나 투박해 보인다는 편견이 있다. 또한 억양이 세다는 이유로 무시당하는 경우도 있고 그런 사투리를 사용하는 사람들을 차별하는 경우도 있다. 실제로 영화나 드라마에서 우스꽝스럽거나 폭력적인 배역은 특정 지역 사투리를 구사하는 것이 다반사다. 반면에 세련되고 도시적인 이미지의 배역은 표준어를 많이 사용하는 것을 볼 수 있다.

하지만 사투리는 한 지역의 고유한 가치와 정이 깃든 언어이므로 보존해야 할 가치가 있다. 사투리가 사라지면 단순히 언어만 사라지는 것이 아니라 그 지역의 문화도 함께 사라질 수 있다. 사투리는 그 지역 사람들의 문화를 반영하고 있고 표준어가 표현하지 못하는 의미의 공백을 메워 준다. 사투리를 통해 그 지역 사람들은 쉽게 공감대를 형성하고 끈끈한 결속력을 다지는 계기가 되기도 한다. 그리고 사투리를 통해 서로를 금방 이해하게 되고 짧은 사투리 한 마디만으로도 정을 느끼게 되는 경우도 많다. 그뿐만 아니라 때로는 다른 지역의 문화를 이해하는 데에도 도움이 된다.

사투리는 더 이상 교정되거나 개선되어야 할 언어가 아니다. 부끄러워해야 할 언어도 아니다. 사투리는 지역의 문화적 다양성을 보여주는 소중한 유산이다. 그러므로 지역 사람들이 사투리를 쓰는 것에 부끄러움을 덜 느끼도록 사회가 좀 더 관대해질 필요가 있다.

단어장

사투리
바야흐로
전성시대
개그
유발하다
촌스럽다
투박하다
억양
우스꽝스럽다
다반사
세련되다
깃들다
공백을 메우다
공감대를 형성하다
끈끈하다
결속력을 다지다
교정되다
관대하다

1. 각 문단의 내용을 정리해 보십시오.

문단	주요 내용	세부 내용
1		
2		
3		
4		

2. 이 글에 대한 설명으로 알맞지 않은 것을 고르십시오. (   )
   ① 사투리의 효용성에 대해 설명하고 있다.
   ② 사투리가 생겨나게 된 배경에 대해 언급하고 있다.
   ③ 사투리가 사용되는 경우를 예로 들어 이해를 돕고 있다.
   ④ 사투리를 보존해야 할 필요성에 대해 의견을 제시하고 있다.

3. 사투리를 보존해야 하는 이유로 알맞지 않은 것을 고르십시오. (   )
   ① 사투리로 표준어가 설명할 수 없는 것을 표현할 수 있다.
   ② 사투리가 사라지면 그 지역의 문화도 같이 없어질 수 있다.
   ③ 사투리를 통해 특정 지역의 문화를 더 쉽게 이해할 수 있다.
   ④ 사투리를 알아야 예능 프로그램의 재미를 두 배로 느낄 수 있다.

단어장

효용성

이야기해 봅시다

1. 여러분이 알고 있는 지역 사투리는 어떤 것이 있습니까?

2. 여러분은 사투리를 보존해야 한다고 생각합니까? 아니면 사투리를 교정하고 표준어를 사용하는 것이 더 바람직하다고 생각합니까?

◉ 여러분은 사투리를 보존해야 한다고 생각합니까? 아니면 교정해야 한다고 생각합니까? 그에 대한 자신의 생각을 쓰십시오.

처음	도입 - 사투리와 표준어 정의, 사용 현황	
가운데	입장	
	입장에 대한 근거	
	반론	
	반론에 대한 반박	
끝	마무리	

▶ 위의 글을 원고지에 써 보십시오.

속담 · 관용표현

08

가 : 사실 나 좋아하는 여자가 생겼어.
나 : 홍보과의 김 대리 말이지?
가 : 어떻게 알았어?
나 : 어떻게 모르겠니? 김 대리와 말할 때마다 네가 얼굴을 붉히면서 말도 더듬고 또 김 대리의 옆모습을 바라보면서 혼자 미소를 짓는 걸 본 적이 한두 번이 아니었는데. 고기는 씹어야 맛이고 말은 뱉어야 맛이라는데 그렇게 마음속으로만 끙끙대지 말고 고백해 버려. "당신을 좋아합니다. 저랑 사귀어 주십시오."라고.
가 : 혹시 고백했다가 거절당하면 어쩌지? 벌써 사귀는 사람 있다고 하면?
나 : 그 정도 거절을 겁내면 사람 못 사귀지.
가 : 그래도 한 번 뱉은 말은 주워 담을 수 없는데…….
나 : 어이구, 내가 못 살아. 이 답답한 친구야.

◉ 위 대화 속의 속담의 의미를 생각해 보고 친구와 대화를 만들어 봅시다.

관용어

입이 무겁다	말이 적거나 아는 이야기를 함부로 옮기지 않는다
(입에) 침이 마르다	다른 사람이나 물건에 대하여 거듭해서 말하다

1. 가 : 왕붕 씨가 혹시 다른 사람에게 우리의 비밀을 이야기했을까요?
   나 : 절대 이야기 안 했을 거예요. 왕붕 씨는 ____________________
   가 : 그래도 걱정이 돼요.
   나 : 걱정하지 마세요. 왕붕 씨는 다른 사람에게 이야기할 사람이 아니에요.

2. 가 : 제임스 씨를 한번 만나 보세요. 정말 멋있고 친절하고 마음도 넓고 착하기도 하고…….
   나 : 정말요? 민지 씨가 ____________________ 칭찬하니까 저도 만나 보고 싶네요.
   가 : 정말 좋은 사람이니까 한번 만나서 커피나 한잔하세요.
   나 : 네. 그럴게요. 기대돼요.

귀천

천상병 (1930~1993)

나 하늘로 돌아가리라.
새벽 빛 와 닿으면 스러지는 이슬
더불어 손에 손을 잡고,

나 하늘로 돌아가리라.
노을 빛 함께 단 둘이서
기슭에서 놀다가 구름 손짓 하며는,

나 하늘로 돌아가리라.
아름다운 이 세상 소풍 끝내는 날,
가서 아름다웠더라고 말하리라…….

3과 과학과 미래

학습목표

| **대화** 생활 속 과학
| **읽고 말하기** 디지털 포비아와 디지털 마니아
| **듣기** 발명품의 유래
| **읽기** 미래의 모습
| **쓰기** 미래의 모습

| **문학 나들이** 진달래꽃 (김소월)

| **문법과 표현 1** -(으)ㄹ 바에(야/는)
| **문법과 표현 2** -다시피

| **속담과 관용어**
구관이 명관이다
찬밥 신세가 되다
간이 크다 / 간이 콩알만 해지다

3과 대화 생활 속 과학

09

송 영 : 아까 점심으로 밥 대신 과자를 먹었더니 속이 좀 더부룩하네. 콜라라도 마셔야겠다.

동 우 : 콜라는 소화에 도움이 안 돼.

송 영 : 그래? 난 탄산음료를 마시고 트림을 하고 나면 속이 편안해지던데.

동 우 : 그건 잘못된 상식이야. 트림은 탄산음료에 포함된 탄산가스가 입 밖으로 나오는 것일 뿐이야. 탄산음료에는 소화를 촉진시키는 성분이 없어.

송 영 : 그래? 그동안 소화가 안 될 때마다 탄산음료를 마셨는데…….

동 우 : 너처럼 습관적으로 탄산음료를 마시면 위장 장애가 생길 수도 있어. 앞으로는 탄산음료에 의존하지 말고 가벼운 운동이라도 해 봐.

송 영 : 알았어. 그럼, 이 과자들은 어떻게 하지?

동 우 : 내가 먹으면 되지. 그런데 과자 먹을 때마다 생각한 건데 과자 봉지는 왜 이렇게 큰 거야? 과자 봉지에 비해 과자 양이 너무 적은 것 같아. 과자 회사가 소비자를 우롱하는 거 아니야?

송 영 : 그게 아니라 과자 봉지 안에 질소 가스가 들어 있어서 그런 거야. 질소 가스 때문에 과자의 변질을 막을 수 있어.

동 우 : 그럼, 질소 가스는 왜 이렇게 많이 넣는 건데?

송 영 : 그건 과자가 부서지는 것을 방지하기 위한 거야. 그런데 요즘에는 질소 과자라는 오명에서 벗어나기 위해 과자 회사들이 질소 가스의 양을 줄이는 추세라고 해.

동 우 : 그렇구나. 우리 생활 곳곳에 과학이 숨어 있었네.

단어장

더부룩하다
트림
상식
탄산가스
촉진시키다
위장
봉지
우롱하다
질소
변질
부서지다
오명

대답해 봅시다

1. 탄산음료가 소화에 도움이 됩니까? 그 이유는 무엇입니까?

2. 과자 봉지 안에 든 질소 가스는 어떤 역할을 합니까?

이야기해 봅시다

1. 탄산음료처럼 잘못 알려진 과학 상식에는 어떤 것이 있습니까?

2. 과자 봉지 속 질소 가스처럼 우리 생활 속에 또 어떤 과학이 숨어 있습니까?

단어장

3과 문법과 표현 1

–(으)ㄹ 바에(야/는)

앞 상황보다는 뒤의 상황이 낫다고 생각해 선택하지만 그렇게 만족스러운 것은 아님을 나타낸다.

예 문

- 수리비가 그렇게 많이 든다면 고칠 바에야 사는 게 낫겠어요.
- 집에서 할 일 없이 빈둥거릴 바에 차라리 PC방에라도 가.
- 일을 중간에 포기할 바에는 아예 시작도 하지 말지.

연습 1 〈보기〉와 같이 대화를 완성하십시오.

〈보기〉

가 : 너는 과학의 발전 속도에 따라가지 못해 뒤처질 것 같은 불안감이 없니?
나 : 나는 과학의 속도에 허둥지둥 따라갈 바에는 아예 관심을 접고 사는 게 낫다고 생각해.

1. 가 : 한국에서는 왜 조기 유학을 보내는 학부모들이 많은 거예요?
   나 : 사교육비가 많이 드니까 ______________________________

2. 가 : 저 길게 늘어선 줄이 다 복권을 사는 사람들이래. 자신의 운만 믿고 투자를 하는 거겠지?
   나 : 난 저런 운에 ______________________________

3. 가 : 이번에는 박물관에 가더라도 시간이 없어서 수박 겉핥기식 밖에 안 될 것 같은데 다음에 가는 게 어때요?
   나 : 그래요. ______________________________

4. 가 : 뉴스에서 휴가 후유증으로도 고생하는 사람이 많다던데.
   나 : ______________________________

단어장
뒤처지다
허둥지둥
관심을 접다
사교육비
후유증

연습 2 다음과 같은 상황에서 어느 쪽이 좋겠습니까?

□ 안에 표시를 하고 <보기>와 같이 이야기해 봅시다.

상황	선택
1. 결혼을 하고 싶다. 그런데 여자/남자 친구가 없다.	□ 친구들에게 소개팅을 부탁한다. □ 결혼 정보 회사에 등록을 한다.
2. 두 사람이 있다. 어떤 사람을 배우자로 선택해야 할지 모르겠다.	□ 능력은 뛰어나지만 이기적인 사람 □ 능력은 떨어지지만 성격이 좋은 사람
3. 세계 여행을 하려고 한다. 그런데 여행비용이 부족하다.	□ 부모님께 도움을 받는다. □ 은행에서 대출을 받는다.
4. 결혼을 하려고 한다. 그런데 배우자가 직장을 그만두기를 원한다.	□ 그 사람과 헤어지고 독신으로 산다. □ 일을 그만둔다.

<보기>

1. 친구들에게 소개팅을 부탁할 바에는 결혼 정보 회사에 등록하는 것이 낫다.

2. ______________________________

3. ______________________________

4. ______________________________

단어장

연습 3 다음을 사용하여 문장을 만들어 이야기해 보십시오.

- -(으)ㄹ 바에는 (차라리) -는 편이 낫다
- -(으)ㄹ 바에야 (아예) -는 게 좋다

–다시피

① 일부 동사와 함께 쓰여 앞의 동작과 비슷하다는 뜻을 나타낸다.

예 문

- 이 숙제는 친구의 것을 베끼다시피 했기 때문에 다시 해야 한다.
- 남편이 안 도와줘서 집안일은 내가 모두 떠맡다시피 하고 있다.
- 그는 사업에 성공해서 모든 가족의 생계를 책임지다시피 했다.

② 듣는 사람이 이미 알고 있는 내용을 다시 확인함을 나타낸다.

※ 보다시피, 알다시피, 들었다시피

예 문

- 이미 아시다시피 요즘 중소기업의 형편이 좋지 않습니다.
- 보다시피 우리가 가진 것은 열정뿐이다.
- 여러분이 조금 전 강연에서 들으셨다시피 이 병은 더 이상 난치병이 아닙니다.

연습 1 〈보기〉와 같이 문장을 완성하십시오.

〈보기〉

이 옷가게는 장사가 잘 되어서 돈을 쓸어 담다시피 한다.

1. 회사일이 너무 바빠서 매일 ______________________

2. 나는 그 친구와 친해서 ______________________

3. 시험점수를 잘 받으려고 책을 다 ______________________

4. 어머니께서 직장 생활을 하시는 바람에 할머니께서 우리 삼형제를 다 ___ ______________________

단어장
베끼다
떠맡다
돈을 쓸어 담다

연습 2 다음 상황에서 어떻게 해야 할까요?

상황	방법
1. 살을 빼려거든	→ 헬스장에서 살다시피 해야 한다. → ____________________
2. 돈을 모으려거든	→ ____________________ → ____________________
3. 꿈을 이루려거든	→ ____________________ → ____________________
4. ____________	→ ____________________ → ____________________

단어장

연습 3 다음을 사용하여 문장을 만들어 이야기해 보십시오.

- -아/어서 (거의) -다시피 하다
- -(으)려거든 -다시피 해야 하다

3과 읽고 말하기 디지털 포비아와 디지털 마니아

10

스마트폰 사용자가 놀라울 정도로 증가했다. 요즘 2G폰을 사용하는 사람은 거의 볼 수 없을 정도이다. 그래서 스마트폰을 비롯한 디지털 기기를 사용하지 않으면 사회의 변화에 뒤처질 것 같은 위기감도 확산되고 있다. 이에 따라 스마트폰뿐만 아니라 디지털 기기와 관련된 신조어들도 급격하게 증가하고 있다. 이러한 신조어에는 디지털 열풍이 만들어낸 사회 현상이 고스란히 녹아 있다.

우선 복잡하고 어려운 디지털 기기 사용법 때문에 생긴 신조어들이 눈에 띈다. 그중 '디지털맹'이라는 말은 첨단 기기의 사용이 서툰 사람들을 뜻한다. 그리고 디지털 기기를 사용하지 않으면 변화를 따라가지 못하고 뒤처질 것 같은 불안감은 '디지털 스트레스'라는 말로 표현된다. 이 '디지털 스트레스'가 더 심각해지면 '디지털 포비아'로 발전한다. 특히 디지털 기기에 익숙하지 않은 중장년층이 시대의 흐름에 뒤처지고 소외될 것 같은 불안감에 디지털 기기에 대한 공포증을 더 많이 느낀다. 이렇게 스트레스를 받을 바에야 차라리 디지털 기기를 사용하지 않겠다는 사람도 생겨나고 있다.

하지만 '디지털 포비아'의 반대편에는 디지털 기기가 없었을 때는 어떻게 살았을까 싶을 정도로 첨단 기기 이용을 즐기는 사람들도 있다. 이런 사람들은 하루의 대부분을 디지털 기기와 함께하다시피 하는데 디지털 생활을 즐긴다는 의미로 '디지털 마니아'로 불리기도 한다. 이들은 디지털 기기를 자유자재로 활용하여 많은 이점을 얻기도 하지만 자칫 과한 사용으로 인해 디지털 의존증에 빠지기도 한다.

당신은 어느 쪽인가? 이러한 시대의 흐름이 부담스러운 디지털 포비아인가, 아니면 최첨단 기기의 출현을 환영하는 디지털 마니아인가?

단어장
- 신조어
- 고스란히
- 눈에 띄다
- 소외되다
- 첨단
- 자유자재
- 이점
- 자칫

대답해 봅시다

1. 디지털과 관련된 신조어의 뜻은 무엇입니까?

디지털 포비아	디지털 마니아

이야기해 봅시다

1. 디지털 기기의 발전이 우리 삶에 어떤 영향을 끼쳤는지 이야기해 봅시다.

긍정적 영향	부정적 영향
•	•
•	•
•	•

2. 위의 내용을 바탕으로 디지털 기기의 발전에 대한 자신의 생각을 발표해 봅시다.

디지털 기기의 발전은 우리의 삶에 크고 작은 변화를 일으켰다. 나는 디지털 기기의 발전 중 우리의 삶에 가장 큰 영향을 끼친 것이 ______________________ 생각한다. __________(으)로 인해 우리는 _________(으)ㄹ 수 있게 되었다. 하지만 디지털 기기의 발전이 우리의 삶에 좋은 영향만을 끼친 것은 아니다. _________________와/과 같은 문제도 있었다.

그래서 ____.

단어장

3과 어휘 확장

• 다음은 생명과학과 관계된 어휘들입니다. 관련 있는 것끼리 연결하십시오.

1. 유전자 •	• 고치기 힘든 병
2. 난치병 •	• 어떤 일에 부수적으로 일어나는 바람직하지 못한 일
3. 부작용 •	• 생물체 개개의 유전적 특징을 나타내는 원인이 되는 인자
4. 장기이식 •	• 생명 현상, 생물의 기능을 인위적으로 조작하는 기술을 다루는 학문
5. 생명공학 •	• 정상적인 장기나 조직을 떼어서 병이나 외상으로 손상된 부분에 이식함으로써 그 기능을 회복시키는 일

• 다음에서 알맞은 단어를 골라 대화를 완성하십시오.

오류 | 천적 | 억제하다 | 탐구하다 | 신재생 에너지

1. 가 : 요즘은 어느 분야를 집중적으로 연구하시나요?
   나 : 우주의 생성 원리에 대해 ______________________________

2. 가 : 컴퓨터 응용 프로그램이 작동을 안 하는데 어떻게 해야 해?
   나 : 프로그램에 ______________ 생겼을지 모르니까 A/S센터에 전화해 봐.

3. 가 : 멧돼지가 자주 나타나서 농사를 망치고 있다는 뉴스 봤어?
   나 : 그게 다 생태계 파괴로 멧돼지의 ______________ 없어져서 그런 거야.

4. 가 : 뉴스에서 슈퍼마늘이 개발됐다고 하던데 슈퍼마늘이 뭐예요?
   나 : 암세포의 성장을 ______________ 알려진 성분의 효과를 40% 높인 마늘이 슈퍼마늘이에요.

5. 가 : 요즘 인류가 에너지 위기를 맞고 있는데 이에 따른 대안이 있을까요?
   나 : 태양이나 풍력, 수소 에너지와 같은 ______________ 대안이 될 수 있지 않을까요?

단어장

부수적
생물체
인위적
조작하다
다루다
장기
외상
이식하다
생성
멧돼지
인류
대안
풍력
수소

• 다음에서 알맞은 단어를 골라 문장을 완성하십시오.

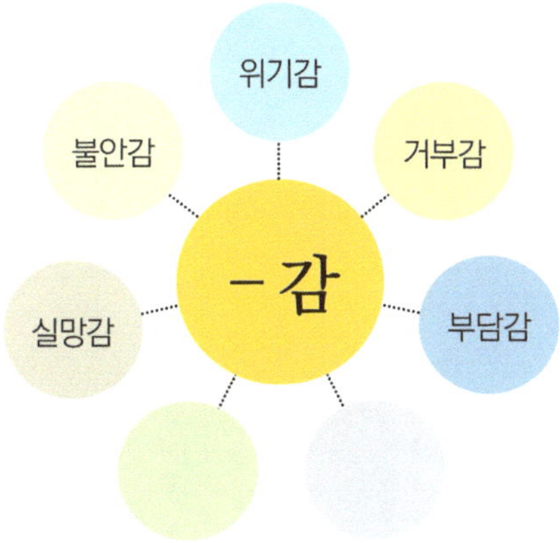

－감(感)

'느낌'의 뜻을 더하는 말

1. 엄마가 옆에 없으면 아기들은 ________ 느끼고 울기 시작한다.

2. 그는 아버지의 독단적인 태도에 강한 ________ 느꼈다.

3. 선생님들은 학생들의 미래가 달려 있다는 ________ 때문에 입시 원서를 쓸 때 심혈을 기울인다.

4. 최근 국내에서 전쟁 ________ 고조되어 사재기 현상까지 나타나자 정부는 국민들에게 자제를 호소했다.

5. 그 교수에 대한 비리가 하나씩 밝혀질 때마다 그에 대한 존경과 기대가 무너지고 있는 것 같은 ________ 감출 수가 없었다.

6. ________________________________

7. ________________________________

단어장

독단적
심혈을 기울이다
고조되다
사재기
자제(하다)
비리

3과 듣기

• 다음은 자연에서 아이디어를 얻은 발명품입니다. 그림을 보고 이야기해 보십시오.

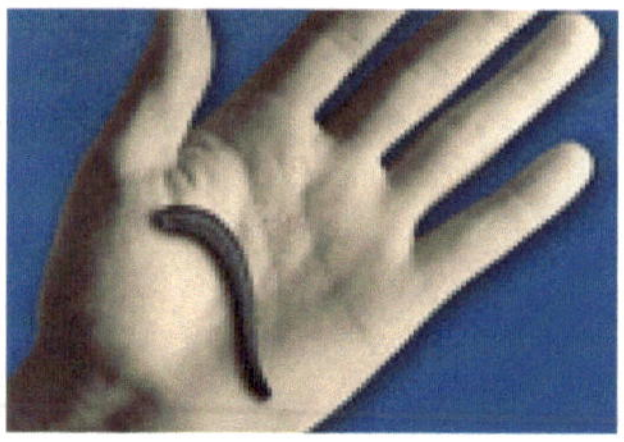

▼ ▼ ▼

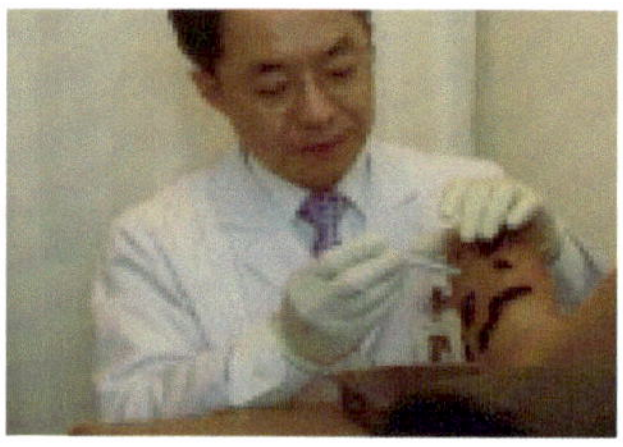

◉ 다음을 듣고 물음에 답하십시오. 11

1. 고양이는 왜 쥐의 천적이 되었습니까?

2. 자연에서 아이디어를 얻은 발명품을 정리해 보십시오.

생명체	발명품
상어	
박쥐	

3. 들은 내용과 같은 것을 고르십시오. (　　)

① 상어의 초음파를 통해 날씨를 미리 알 수 있게 되었다.

② 올림픽에서 박민수 선수는 전신 수영복을 입고 금메달을 땄다.

③ 상어의 피부는 매끄럽기 때문에 바다에서 헤엄을 빨리 칠 수 있다.

④ 지금도 전신 수영복을 입고 좋은 성적을 거두는 선수들이 늘어나고 있다.

단어장

타우린
천적
발명품
저항
기록을 내다
헤엄을 치다
언뜻
매끄럽다
꺼끌꺼끌하다
원리
성적을 거두다
박쥐
초음파
레이다
발명하다
선박
항공기
기상
관측

이야기해 봅시다

• 여러분이 과학자라면 어떤 생명체의 어떤 능력을 활용해 보고 싶습니까?

생명체	능력	활용 방법

단어장

• 다음은 미래의 신문기사 제목입니다. 제목을 보고 미래의 모습을 예측해 봅시다.

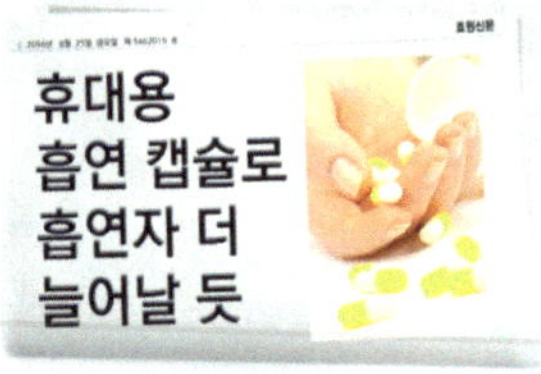

◉ 다음 글을 읽고 물음에 답하십시오.

미래의 어느 날, 아침을 맞으며

2044년 12월 9일 월요일 아침이다. 이제 47살이 된 나는 향기로운 커피 향기에 잠을 쫓으며 침대에서 일어난다. 주중에는 언제나 이 시간에 커튼이 열리고 커피 머신에서 원두커피가 나온다. 이것은 모두 미리 입력해 둔 전산화된 집의 시스템 덕분이다.

어제 오랜만에 고등학교 동창들을 만나 늦게까지 술을 마셨지만 몸은 많이 피곤하지 않다. 이는 한 기업이 생체 연구소와 함께 연구하여 개발한 생체 적응형 침대 덕분인데 이 침대는 사람의 컨디션에 맞게 모든 것이 자동으로 조절된다. 예를 들어 어제 술을 많이 마셨다면 혈류 속도가 높아지는 것을 감지하여 적절한 온도를 맞춰 주고 음이온과 원적외선 등을 방출하여 최상의 컨디션으로 아침에 일어날 수 있도록 도와준다.

침대에서 일어나서 훈훈한 실내 공기를 한번 들이마신다. 밖은 이제 한겨울로 접어들고 있는데 방 안은 아주 따뜻해서 바깥세상과는 격리된 느낌마저 든다. 항상 적정한 온도와 습도를 유지하는 냉난방 시스템은 아침저녁으로 특정한 향과 공기도 공급한다. 예를 들면 아침에는 잠에서 깨고 활력을 얻을 수 있는 향과 공기를 공급하고 밤에는 잠을 잘 수 있도록 사람의 긴장을 풀어주고 안정시키는 공기를 공급한다.

부엌으로 가 보니 아침마다 마시는 원두커피가 따뜻하게 뽑혀 있다. 언제나 그렇듯이 옆의 베란다로 나가서 커피를 마시며 담배를 한 대 피운다. 과거에는 담배가 몸에 나쁘다고 해서 금연 운동이 한창이었던 때도 있었지만 지금은 그야말로 하나의 기호다. 폐와 몸에 나쁜 영향을 끼치는 물질을 제거하는 필터가 개발되고 나서부터 부담 없이 담배를 피우고 있다. 나처럼 담배를 좋아하는 사람에게 이보다 더 좋은 일은 없을 것이다. 처음 이러한 기술을 적용한 새로운 담배가 나왔을 때에는 담배 맛이 떨어져서 기존의 애연가들로부터 외면을 당했다. 이후 여러 연구를 거치며 탄생한 것이 지금의 담배인데 특수 필터를 이용하는 동시에 담배 자체로서의 느낌을 살리기 위해 자극을 주는 물질을 첨가했다. 물론 이 첨가 물질에 중독성이 있지는 않다. 그래서 요즘 많은 사람들에게 큰 인기를 얻고 있다.

단어장

향기롭다
잠을 쫓다
전산화
혈류
감지하다
음이온
원적외선
방출하다
훈훈하다
격리되다
공급하다
기호
필터
적용하다
애연가
외면을 당하다
탄생하다
자극
첨가하다
중독성

1. 각 문단의 내용을 정리해 보십시오.

문단	주요 내용	세부 내용
1		
2		
3		
4		

2. 필자가 이 글을 쓴 목적을 고르십시오. (　　)
   ① 미래 사회와 관련된 연구 결과를 분석하려고
   ② 미래 사회의 모습을 가정하여 구체적으로 소개하려고
   ③ 미래 사회의 긍정적인 면과 부정적인 면을 비교하려고
   ④ 미래 사회에 대한 다른 의견을 제시하고 이를 반박하려고

3. 이 글의 내용과 다른 것을 고르십시오. (　　)
   ① 집의 자동 시스템 때문에 직접 커피를 타지 않아도 커피를 마실 수 있다.
   ② 침대가 몸의 상태에 따라 자동으로 조절되어 아침에 편안하게 일어날 수 있다.
   ③ 냉난방 시스템이 특정한 향과 공기를 제공하여 밤에 긴장을 풀며 잠을 잘 수 있다.
   ④ 몸에 해로운 물질을 제거하는 필터 때문에 담배의 맛을 느끼며 담배를 피울 수 있다.

단어장
가정하다

이야기해 봅시다

분야	미래의 모습
생활 (의·식·주)	
교통	
교육	

3과 쓰기

◉ 미래의 일상생활 모습을 가상하여 써 보십시오.

처음	미래의 자기 모습 (나이, 직업 등)	
가운데	하루 일과 / 아침	
	하루 일과 / 점심	
	하루 일과 / 저녁	
끝	마무리	

▶ 위의 글을 원고지에 써 보십시오.

3과 속담과 관용어

속담 · 관용표현

12

가 : 이 선생님, 마야 씨 가르친 적 있지요? 이번 학기 우리 반 학생인데 3일 동안 결석을 해서요. 전화를 해 볼까 하는데 혹시 전화번호 알아요?

나 : 네. 잠시만요. 휴대폰에 저장해 두었어요.

가 : 그런데 선생님은 구형 휴대폰을 아직도 쓰고 있네요. 이제 이런 전화 쓰는 사람은 거의 없다던데…….

나 : 그렇긴 한데 저한테는 이게 편해요. 익숙하기도 하고 필요한 기능만 있어서 간단하기도 하고. 구관이 명관인 거죠. 오래 쓴 만큼 정도 들어서 새 휴대폰으로 바꾸기가 좀 그러네요.

가 : 그 말은 맞아요. 제가 구형 휴대폰이라고 해도 고장이 나거나 별로 낡지도 않았는데 하루아침에 찬밥신세가 된다면 참 슬플 거예요.

나 : 역시 김 선생님은 감정이 풍부하세요. 자, 여기 마야 씨 전화번호예요. 연락해 보세요.

◉ 위 대화 속의 속담의 의미를 생각해 보고 친구와 대화를 만들어 봅시다.

관용어

간이 크다	겁이 없고 매우 대담하다
간이 콩알만 해지다	몹시 두려워지거나 무서워지다

1. 가 : 왕붕 씨, 나 어제 혼자 금정산에 야간 산행 다녀왔어요.
   나 : 정말요? 무섭지 않았어요?
   가 : 별로 안 무서웠어요. 밤이라 덥지도 않고 재미있던데요.
   나 : 꾸언 씨는 정말 ______________________

2. 가 : 우리 동네는 가로등이 없어서 밤에 무서워요.
   나 : 맞아요. 특히 밤늦은 시간에 골목길을 혼자 걸으면 더 무섭죠.
   가 : 늦은 밤에는 멀리서 낯선 사람의 그림자만 봐도 ______________________
   나 :민지 씨도 저도 가능하면 일찍 일찍 다닙시다.

진달래꽃

김소월 (1902~1934)

나 보기가 역겨워
가실 때에는
말없이 고이 보내 드리우리다.

영변(寧邊)에 약산(藥山)
진달래꽃
아름 따다 가실 길에 뿌리우리다.

가시는 걸음걸음
놓인 그 꽃을
사뿐히 즈려밟고 가시옵소서.

나 보기가 역겨워
가실 때에는
죽어도 아니 눈물 흘리우리다.

4과 인간과 도시

학습목표

| 대화 도시 생활
| 읽고 말하기 도시 개발의 문제점

| 듣기 도시의 변화
| 읽기 지명의 유래
| 쓰기 지역 개발

| 문학 나들이 성북동 비둘기 (김광섭)

| 문법과 표현 1 -(으)ㄴ들
| 문법과 표현 2 -는 탓에

| 속담과 관용어
각광을 받다
쇠뿔도 단김에 빼다
발 벗고 나서다 / 양다리를 걸치다

대화 도시 생활

13

송 영 : 무슨 걱정 있어? 얼굴이 안 좋네.

동 우 : 아침에 부모님께서 시골에 내려가서 사는 문제로 다투셨거든. 아버지는 가고 싶다고 하시는데 어머니가 반대하셔.

송 영 : 그런데 아버지는 왜 시골에서 살고 싶어 하시는 거야?

동 우 : 아버지 고향이 시골인데 일 때문에 고향을 떠나 부산에서 사셨어. 그래서 이젠 시골로 내려가서 친척, 친구 분들과 편하게 지내고 싶으시대.

송 영 : 그런데 어머니는 왜 반대하셔?

동 우 : 시골 생활이 많이 불편하다고 하셨어.

송 영 : 그건 시골 생활이 불편하다기보다는 도시 생활이 많이 편리하다고 하는 게 맞을 것 같아.

동 우 : 그게 무슨 뜻이야?

송 영 : 교통이 편리하니까 자가용 없이도 언제든지 외출하기 좋고 병원이나 약국 같은 의료시설도 많아서 아플 때도 좋잖아. 전시나 공연도 많으니까 혼자 보내는 시간도 재미있게 보낼 수 있지.

동 우 : 그건 그렇겠다.

송 영 : 그리고 우리 같은 젊은 사람들에게는 일자리도 많아서 좋아. 지금 내가 한국어를 배우면서 일을 할 수 있는 것도 도시에 있기 때문에 가능하다고 생각해.

동 우 : 일자리가 많은 만큼 사람들이 많이 몰리니까 복잡하고 경쟁도 치열하잖아. 누구나 한번쯤 공해와 소음에서 벗어난 한적한 전원생활을 꿈꾸지 않아? 너는 안 그래? 나는 우리 아버지의 말씀이 이해가 돼.

송 영 : 그래도 도시의 편리함과 문화생활을 즐기려면 그 정도는 감수해야지.

동 우 : 사실 나도 말은 이렇게 해도 시골 생활은 자신 없어.

단어장

몰리다
치열하다
한적하다
감수하다

대답해 봅시다

1. 아버지께서 시골에 내려가 살고 싶어 하시는 이유는 무엇입니까?

2. 도시 생활의 장단점은 무엇입니까?

이야기해 봅시다

1. 시골과 도시 중 어디에서 노후를 보내고 싶습니까?

2. 여러분 나라의 주거 선호 도시를 소개해 주십시오.

3. 인구의 대도시 집중화의 원인, 문제점, 해결 방안에 대해 이야기해 봅시다.

단어장

-(으)ㄴ들

앞의 사실을 가정하여 그 사실을 인정하여도 결과가 예상과 다름을 나타낸다.
※ '-(으)ㄹ지라도'와 비슷하다.

예 문

- 바다가 아무리 넓은들 어머니의 사랑보다 넓지는 않을 것이다.
- 지금 땅을 치며 후회한들 지나간 시간을 되돌릴 수 있겠습니까?
- 시골의 교육, 복지 서비스를 확대한들 도시에서와 같은 혜택은 누릴 수 없을 것이다.

연습 1 <보기>와 같이 다음 대화를 완성하십시오.

<보기>

가 : 저기 보세요. 대도시의 화려한 불빛이 아름다운 광경을 만들어 내는 것 같아요.
나 : 아무리 불빛이 아름다운들 별이 빛나는 밤하늘과 비교할 수 있을까요?

1. 가 : 김 교수님께서는 수술을 받으셔야 하는데 왜 안 받으신대요?
   나 : 연세가 많으셔서 ____________ 병이 호전되지는 않을 것 같대요.

2. 가 : 친환경 제품으로 개발된 전기 자동차가 너무 비싸서 당장 상용화가 되기는 힘들 거라네요.
   나 : ____________ 상용화가 안 되면 무슨 소용이 있겠어요?

3. 가 : 어젯밤에도 그 사람 생각에 한숨도 못 잤어요. 그 사람은 제가 그 사람을 얼마나 좋아하는지 알기는 할까요?
   나 : 그렇게 혼자서 ____________ 그 사람은 알 리가 없어요. 차라리 고백을 하세요.

4. 가 : 지금 하고 있는 일이 너무 위험하지 않아요?
   나 : 지금 당장 돈이 급한데 ____________ 못 하겠어요?

단어장
호전되다
상용화

연습 2 아래 〈보기〉의 문장을 〈예〉와 같이 바꾸어 쓰십시오.

〈보기〉

① 사랑하지만 우리의 사랑이 이루어질 수 있을까요?
② 남들이 반대하더라도 우리의 사랑을 끊을 수 없을 것입니다.
③ 아무리 기다려도 이몽룡은 돌아오지 않을 것이다.
④ 살지만 살아있는 것이 아닙니다.

세월이 흐른들, 역경이 찾아온들 사랑이 변하겠습니까?

옛날 어느 마을에 이몽룡과 성춘향이 있었다. 두 사람은 우연히 만나게 되었고 곧 사랑에 빠졌다. 하지만 춘향이의 신분이 낮았기 때문에 두 사람의 사랑은 쉽지 않았다.

달이 뜬 밤에 춘향이는 이몽룡과 길을 걸으며 떨리는 목소리로 몽룡에게 물었다.

"① 아무리 사랑한들 우리의 사랑이 이루어질 수 있을까요?"

이몽룡은 춘향이의 손을 잡으며 말했다.

"② ______________________________"

두 사람은 굳게 서로를 믿고 사랑했다. 하지만 이몽룡은 시험을 치기 위해 멀리 떠나게 되었고 그렇게 두 사람은 가슴 아프게 이별을 하게 되었다. 이후 그 마을에 새로 부임한 변 사또가 춘향이의 미모에 반해 춘향이를 유혹했다.

"네가 ③ ____________________. 나에게로 오너라."

춘향이는 단호하게 대답했다.

"그 사람 없는 내 삶은 ④ ____________________."

긴 기다림 끝에 춘향이와 이몽룡은 다시 만나게 되었다.

결국 두 사람은 변하지 않는 사랑으로 많은 시련과 역경을 이겨내고 아름다운 사랑의 열매를 맺게 되었다.

단어장

역경
부임하다
유혹하다
단호하다
열매를 맺다

연습 3 다음을 사용하여 문장을 만들어 이야기해 보십시오.

- (아무리) -(으)ㄴ들 -지 않으면 무슨 소용이 있겠어요?
- -(으)ㄴ들 -(으)ㄴ/는 한 -(으)ㄹ 수 없다

-는 탓에

앞의 상황이 이유나 원인이 되어서 뒤에 부정적인 결과가 나타날 때 사용한다.

예 문

- 매일같이 비슷한 제품이 출시되는 탓에 좋은 제품을 고르기가 어려워졌다.
- 그는 어려서 사랑을 받지 못하고 자란 탓에 항상 정서적으로 불안하다.
- 송영은 극심한 긴장 탓에 면접에서 제대로 답변을 하지 못했다.

연습 1 〈보기〉와 같이 문장을 완성하십시오.

〈보기〉

- 원인 : 기름진 음식 섭취 증가
- 결과 : 소아 비만 증가

→ 기름진 음식의 섭취가 늘어난 탓에 소아 비만이 증가하게 되었다.

1. 원인 : 소극적인 성격

   결과 : ______________________

   → ______________________

2. 원인 : 지리산 둘레길이 유명 장소로 알려지다

   결과 : ______________________

   → ______________________

3. 원인 : 그 회사는 ______________________

   결과 : 부도가 났다.

   → ______________________

4. 원인 : ______________________

   결과 : 꿈을 접을 수밖에 없었다.

   → ______________________

단어장

정서적
극심하다
기름지다
부도가 나다
꿈을 접다

연습 2 여러분은 다음과 같은 상황에서 어떻게 핑계를 대시겠습니까? 친구와 이야기해 보십시오.

〈 핑계 없는 무덤 없다 〉

연습 3 다음을 사용하여 문장을 만들어 이야기해 보십시오.

- -(으)ㄴ/는 탓에 -(으)ㄹ 수 없다
- -(으)ㄴ/는 탓에 -게 되다

단어장

핑계를 대다
실력을 발휘하다

14

그동안 거의 모든 국가에서는 국가발전의 목표 중 경제발전을 최우선 순위에 두고 도시화와 경제성장에 박차를 가해 왔다. 그러나 이들 국가들의 경우 빠른 속도로 경제 성장을 이룩하기는 했지만 현재는 교통난의 심화, 범죄의 증가, 대기 및 수질오염의 악화, 계층 간의 갈등, 과밀 도시화 등 많은 문제에 직면하고 있다. 아무리 빠른 도시화와 높은 경제 성장을 이루었다고 한들 목적이 사람을 위한 것이 아니라 경제적 이익 때문이라면 그 성장은 의미가 퇴색되고 말 것이다. 따라서 이러한 문제에 대한 국가 차원의 해결 방안을 모색해야 할 필요성이 대두되고 있다.

성장 위주의 도시 개발에는 문제점이 많다. 그중에서 가장 큰 문제점은 지역민의 의견을 무시한 채 일방적인 도시 개발을 추진한다는 것이다. 그 대표적인 예가 미국의 디트로이트시이다. 디트로이트시는 자동차 산업으로 유명한 곳이었다. 그러나 2013년 8월, 화려했던 부촌의 명성은 사라진 채 큰 부채를 안고 파산하고 말았다. 이는 무리한 개발을 우려한 지역민들의 의견을 배제한 채 경제적 이익만을 고려한 탓으로 빚어진 결과였다.

이에 부산시에서는 향후 모든 도시 개발 계획을 '시민 참여형'으로 전환한다고 밝혔다. 시민 참여형 도시계획제도는 시민, 단체, 전문가 등의 다양한 관점과 의견을 받아들여 도시계획을 수립할 때 반영하는 것을 말한다. 시는 도시계획을 결정할 때 시민참여단, 청소년 참여단, 온라인 참여단을 운영해 시민 참여의 폭을 확대할 방침이다. 계획 수립 초기단계부터 계획 과정 전반에 걸쳐 주민이 의견을 제시하고 행정기관, 전문가와 함께 협력관계를 유지할 수 있도록 할 계획이라는 것이다.

단어장

- 최우선
- 박차를 가하다
- 이룩하다
- 과밀
- 직면하다
- 퇴색되다
- 모색하다
- 대두되다
- 일방적
- 추진하다
- 부촌
- 부채
- 파산하다
- 배제하다
- 전환하다
- 수립하다
- 방침
- 협력하다

대답해 봅시다

1. 도시 개발의 결과로 야기된 문제점에는 어떤 것들이 있습니까?

2. 디트로이트시가 파산한 이유는 무엇입니까?

이야기해 봅시다

1. 도시 개발의 사례에 대해 이야기해 봅시다.

긍정적 사례	부정적 사례
• • •	• • •

단어장

2. 위의 내용을 바탕으로 도시 개발에 대한 자신의 생각을 사례를 들어 발표해 봅시다.

세계 곳곳에서는 많은 도시 개발이 이루어졌고 지금도 이루어지고 있다. 모범적인 도시 개발의 사례로는 ____________________. 하지만 부정적인 사례도 적지 않다. ____________________에서는 ____.

앞으로 ____.

4과 어휘 확장

• 다음은 도시생활과 관련된 어휘입니다. 알맞은 단어를 골라 문장을 완성하십시오.

의도적 | 기피하다 | 삭막하다 | 선도하다 | 분산시키다

1. 나는 더 이상 사람들 사이에 정이 없는 ____________ 도시에서 살기가 싫다.

2. 그들은 음주운전을 하는 사람에게 ______________ 접근해서 사고를 일으켜 합의금을 받아 냈다.

3. 요즘 젊은이들이 결혼을 ______________ 결혼을 해도 아이를 낳지 않는 경우가 많아 출생률이 감소하고 있다.

4. 서울로만 모여드는 인구를 ____________ 위성 도시가 건설되었는데 공업위성도시, 주택위성도시 등이 있다.

5. 비행 청소년을 ____________ 활동인 '멘토 프로그램(Mentor Program)'에서 도움을 주는 사람은 멘토, 도움을 받는 청소년은 멘티라고 한다.

• 아래의 단어를 이용하여 문장을 완성하십시오.

해소 | 소요 | 소외 | 우려 | 제기 + -되다

1. 도심의 군부대를 시민들을 위한 편의 시설로 개발하자는 주장이 _________________

2. 급격한 도시화로 ____________ 사람들에게 더 큰 관심을 기울여야 한다.

3. 공공질서를 문란하게 하는 내용이거나 교통 방해가 ______________ 지역에는 공연 허가가 나지 않는다.

4. ○○시에서는 트램을 설치한 후 교통체증 문제가 ____________________________

5. 출입국 심사에 ________________ 시간을 절약하기 위해 새로운 전산 시스템이 도입되었다.

단어장

접근하다
합의금
문란하다
교통체증
트램

• 다음에서 알맞은 단어를 골라 문장을 완성하십시오.

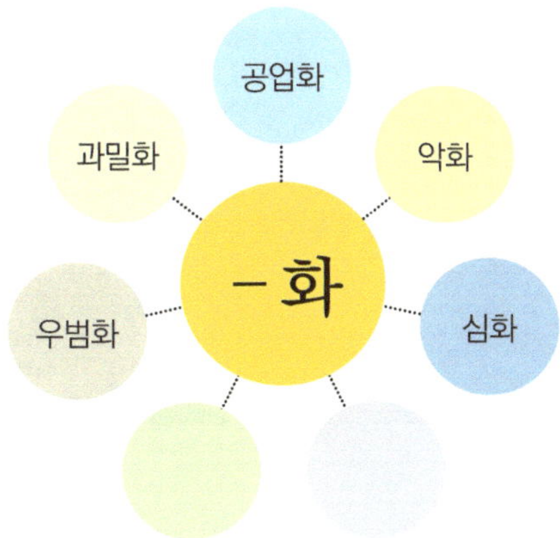

－화(化)

그렇게 만들거나 됨'의 뜻을 더하는 말

1. 60년대 말부터 일어난 ____________ 농촌의 인구는 점점 줄었다.

2. 기업에서 정규직보다 계약직을 선호하면서 고용 불안이 ___________되고 있다.

3. 회사 경영이 __________ 회사에서 나가게 될 사람들의 숫자가 갈수록 늘어나고 있다.

4. 정부는 도시 ______________ 억제하기 위해 농촌에도 교육 시설 및 문화 시설을 늘릴 계획이다.

5. 할렘은 미국 뉴욕 시 맨해튼 동북쪽에 있는 지역으로 주민 대부분이 가난한 노동자이며 범죄율이 높은 곳으로 도시 ____________ 대표적인 예이다.

6. ____

7. ____

단어장

정규직
계약직
고용(하다)
억제하다

4과 듣기

- 다음은 예전의 강남과 지금의 강남 모습입니다. 사진을 보고 변화된 모습을 이야기해 보십시오.

◉ 다음을 듣고 물음에 답하십시오. 🎧 15

1. 서울의 강남이 지금의 모습으로 개발된 계기는 무엇입니까?

2. 한국 사람들이 강남에 살고 싶어 하는 이유는 무엇입니까?

3. 남자가 생각하는 바람직한 도시 개발은 어떤 것입니까?

4. 들은 내용과 같은 것을 고르십시오. (　　)
   ① 자녀의 교육을 위해 강남으로 이사하려는 사람들이 많다.
   ② 강남에는 녹지 공간이 충분하기 때문에 사람들이 선호한다.
   ③ 산업화가 진행되면서 취직을 위해 강남으로 이주하기 시작했다.
   ④ 강남이 지금의 모습으로 개발되기까지 수십 년의 시간이 걸렸다.

단어장

고도성장
습지
논밭
불어나다
분산시키다
기피하다
광활하다
탈바꿈하다
안달
마다하다
이주(하다)
빽빽하다
삭막하다
천편일률적
녹지

이야기해 봅시다

- 도시 내의 지역 개발 사례에 대해 찾아서 정리해 보십시오.

<table>
<tr><td rowspan="3">지역 명
(　　　)</td><td></td><td></td></tr>
<tr><td>개발
목적</td><td></td></tr>
<tr><td>개발
과정</td><td></td></tr>
</table>

단어장

4과 읽기

• 다음은 관광지로 개발된 부산의 명소입니다. 이곳의 공통점은 무엇입니까?

이기대

태종대

오륜대

몰운대

◉ 다음 글을 읽고 물음에 답하십시오.

부산의 진짜 바다를 볼 수 있는 곳

부산의 관광 지도를 보면 광안리 해수욕장을 중심으로 오른쪽으로는 해운대가 있고 왼쪽으로는 이기대가 있다. 해운대와 이기대는 모두 지명에 '대'자가 들어 있는데 부산에는 이처럼 '대'가 붙은 지명이 해운대와 이기대 말고도 여러 곳이 있다. 대표적인 곳으로 태종대, 오륜대, 몰운대 등이 있다. 보통 '대'자가 붙는 지역은 산세가 나지막하면서도 조망이 좋고 역사적으로도 유서가 깊은 곳이다.

그 중에서도 이기대는 산책로를 걸으며 부산의 바다를 한 눈에 볼 수 있기 때문에 부산 사람뿐만 아니라 외국인들도 많이 찾는 곳이다. 그렇다면 '이기대'라는 명칭은 어디에서 온 것일까? 이기대는 그 지명을 놓고 아직도 많은 논란거리가 되고 있는데 그 중에서 한 향토사학자가 주장한 설이 가장 많이 알려져 있다. 그 사학자에 따르면 임진왜란 때 왜군들이 수영성을 함락시키고 경치 좋은 이곳에서 축하 잔치를 벌였다고 한다. 그때 두 명의 기녀가 왜장에게 술을 권해 잔뜩 취하게 해서 왜장과 함께 바다에 떨어져 죽었다고 한다. 이후 이기대라고 하는 명칭이 생겼다고는 하나 아직까지 그 정확한 유래는 밝혀지지 않고 있다.

이기대는 그 빼어난 자연 경관으로 많은 사람들의 눈길을 사로잡는다. 바위에 부딪히는 파도소리를 따라 해안으로 내려가면 기암 사이로 보이는 바다가 아주 절경이다. ㉠여기에서는 조금 다른 각도에서 광안대교와 해운대를 감상할 수 있다. 이기대는 해운대에서 20분 거리, 광안리에서는 불과 5분 거리에 있기 때문에 두 바다를 동시에 볼 수 있다. 또한 이곳에는 다른 관광지와는 달리 상업적인 시설물이 없어서 진짜 바다를 만나는 듯한 느낌이 든다. 게다가 해안을 따라 산책로와 공원이 조성되어 있는데 공원에는 각종 운동 기구도 설치되어 있다. 이기대는 1993년 시민들에게 개방되기 전까지 군사 지역으로 통제되었던 곳이라서 희귀한 식물과 곤충이 서식하는 등 자연 보존 상태도 좋다. 멋진 경치를 구경할 수 있고 산책로와 체육시설도 두루 갖추어져 있는 이기대는 부산 시민들의 좋은 쉼터가 되고 있다.

단어장
- 지명
- 산세
- 나지막하다
- 조망
- 유서
- 논란거리
- 향토사학자
- 설
- 함락시키다
- 기녀
- 왜장
- 경관
- 눈길을 사로잡다
- 기암
- 절경
- 각도
- 통제되다
- 희귀하다
- 서식하다
- 두루
- 쉼터

1. 각 문단의 내용을 정리해 보십시오.

문단	주요 내용	세부 내용
1		
2		
3		

2. ㉠에서 할 수 있는 것으로 알맞지 않은 것을 고르십시오. (　　)
   ① 해운대와 광안리의 경치를 사진에 담을 수 있다.
   ② 다른 관광지보다 개발되어 있어 휴양시설을 즐길 수 있다.
   ③ 공원에서 운동 기구를 사용하여 간단한 운동을 할 수 있다.
   ④ 해안 산책로를 걸으면서 해가 떠오르는 것을 구경할 수 있다.

3. 이 글의 내용과 같은 것을 고르십시오. (　　)
   ① 지명과 관련된 전설이 전해 내려오는 지역에 '대'자를 붙인다.
   ② 이기대는 부산 시민들의 특별한 관리 덕분에 자연의 보존 상태가 좋다.
   ③ 한국에서 지명에 '대'자가 들어간 곳은 대부분 경치가 좋고 역사가 깊다.
   ④ 이기대의 '이기'는 '두 기녀'라는 뜻으로 최근 이와 관련된 유래가 밝혀졌다.

단어장

전설

이야기해 봅시다

- 여러분 나라의 유명한 관광지 중에서 소개하고 싶은 곳은 어디입니까?
  그 곳의 지명의 유래와 특징에 대해 소개해 봅시다.

4과 쓰기

◉ 인구의 대도시 집중화에 대해 써 보십시오.

처음	원인	
가운데	문제점과 해결 방안	
끝	마무리	

▶ 위의 글을 원고지에 써 보십시오.

속담 · 관용표현

16

가 : 내일부터 방학인데 이번엔 뭘 하면서 보내지? 넌 뭘 할 거야?

나 : 난 테마 여행을 떠날까 해.

가 : 테마 여행이라고?

나 : 테마는 주제라는 뜻이잖아. 그래서 테마 여행은 자기가 관심 있어 하는 주제로 여행을 하는 거야. 예를 들어 역사에 관심이 많으면 경주나 수원화성, 서울 북촌마을 등 역사적인 이야기가 있는 곳으로 여행을 가고 건강에 관심이 많으면 해운대 해수온천, 부곡 유황온천 등 여행도 즐기고 건강도 찾을 수 있는 곳으로 가는 거지.

가 : 그렇구나. 그래서 너는 어디로 갈 거야? 요즘 특별히 각광을 받고 있는 곳이 있니?

나 : 난 서핑에 관심이 많아서 여행지를 송정 해수욕장으로 잡았어. 서핑도 하고 회도 먹고 일석이조거든. 쇠뿔도 단김에 빼라고 오늘 오후에 학교 갔다가 돌아오면 곧바로 출발하려고 해.

◉ 위 대화 속의 속담의 의미를 생각해 보고 친구와 대화를 만들어 봅시다.

관용어

발 벗고 나서다	적극적으로 나서다
양다리를 걸치다	양쪽에서 이익을 보려고 두 편에 다 관계를 가지다

1. 가 : 제임스가 외국인 유학생 대표가 되었대.
   나 : 정말? 민지가 고생을 진짜 많이 했는데 잘 됐다.
   가 : 왜? 민지가 무슨 고생을 했는데?
   나 : 선거할 때 ________________ 제임스를 도와줬거든.

2. 가 : 어떻게 나를 두고 다른 여자를 만날 수 있어?
   나 : 무슨 말이야? 나는 다른 여자를 만난 적이 없어.
   가 : 어제 네가 어떤 여자와 밥 먹는 것을 내 친구가 봤대.
   나 : 나랑 비슷하게 생긴 사람을 봤겠지. 나는 결코 ______________ 적이 없어.

성북동 비둘기

김광섭 (1906~1977)

성북동 산에 번지가 새로 생기면서
본래 살던 성북동 비둘기만이 번지가 없어졌다.
새벽부터 돌 깨는 산울림에 떨다가
가슴에 금이 갔다.
그래도 성북동 비둘기는
하느님이 광장 같은 새파란 아침 하늘에
성북동 주민에게 축복의 메시지나 전하듯
성북동 하늘을 한 바퀴 휘 돈다.

성북동 메마른 골짜기에는
조용히 앉아 콩알 하나 찍어 먹을
널찍한 마당은커녕 가는 데마다
채석장 포석이 메아리쳐서
피난하듯 지붕에 올라 앉아
아침 구공탄 굴뚝 연기에서 향수를 느끼다가
산 1번지 채석장에 도로 가서
금방 따낸 돌 온기(溫氣)에 입을 닦는다.

예전에는 사람을 성자(聖者)처럼 보고
사람 가까이
사람과 같이 사랑하고
사람과 같이 평화를 즐기던
사랑과 평화의 새 비둘기는
이제 산도 잃고 사람도 잃고
사랑과 평화의 사상까지
낳지 못하는 쫓기는 새가 되었다.

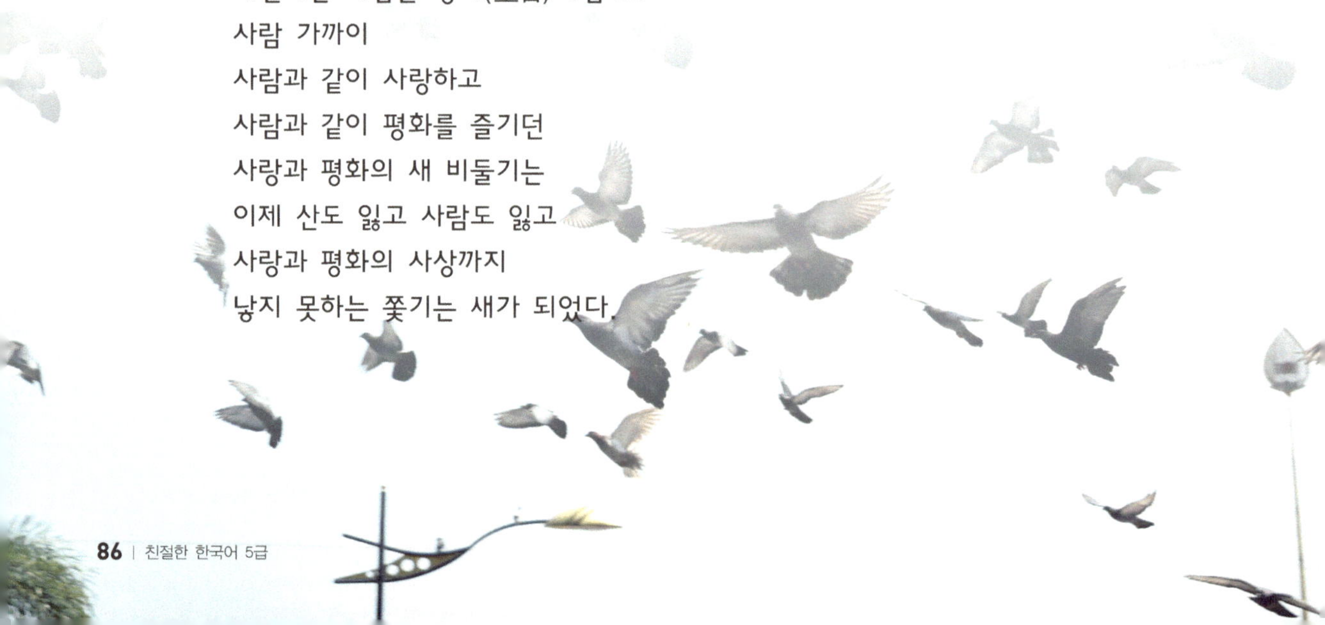

5과 교육과 인생

학습목표

| **대화** 한국의 교육열
| **읽고 말하기** 한국의 교육 현실

| **듣기** 한국과 핀란드의 교육
| **읽기** 홈스쿨링
| **쓰기** 바람직한 학교 교육

| **문학 나들이** 서시 (윤동주)

| **문법과 표현1** -는 통에
| **문법과 표현2** (으)로 말미암아

| **속담과 관용어**
길고 짧은 건 대봐야 안다
공든 탑이 무너지랴
눈에 불을 켜다 / 눈 밖에 나다

5과 대화 한국의 교육열

17

소피아 : '한국'하면 교육이 가장 먼저 떠오른다는 친구들이 많아요. 아이들 교육을 위해서 기러기 아빠가 된 한국의 아버지들과 아이 학원비를 위해 부업을 한다는 어머니들도 있다면서요?

동 우 : 한국인들의 자녀 교육에 대한 열기는 대단하지요. 교육열이 부동산 경기를 좌우하는 웃지 못 할 상황도 있답니다. 부모님들이 자녀를 좋은 학교로 진학시키기 위해서 그 근처로 이사하고 싶어 하다 보니 그 지역 집값이 오르는 거죠.

소피아 : 그런데 한국인들은 자녀 교육뿐만이 아니라 배움 자체에 대한 의지가 강한 것 같아요. 언젠가 공부를 늦게 시작한 아저씨에 대한 기사를 읽은 적이 있어요. 어려서는 부모님과 동생들을 부양하느라 결혼한 후에는 자녀 양육을 하느라 그동안 못한 공부를 늦게라도 꼭 하고 싶었다고 하시더라고요. 가족을 위해 열심히 살아오신 모습, 그리고 늦게나마 꿈을 이루기 위해 열심히 배우시는 모습에 큰 감동을 받았어요.

동 우 : 그렇게 늦게 공부를 다시 시작하시는 분들을 위해서 만학도 전형을 두는 대학도 있어요. 사회에서도 만학도를 돕는 거지요. 또 나이에 제한 없이 평생에 걸쳐 이루어져야 한다는 움직임이 일면서 요즘에는 평생교육기관도 많이 생겼어요.

소피아 : 평생교육기관이요? 예를 들면 어떤 곳이 있어요?

동 우 : 방송이나 통신으로 고등 교육을 받을 수 있는 기회를 주는 방송통신대학, 그리고 단기 교육 과정을 운영하는 대학 부설 기관이 대표적인 평생교육기관이에요.

소피아 : 그럼 전에 동우 씨가 밤에 듣던 수업도 평생교육기관의 프로그램인가요?

동 우 : 네. 맞아요.

소피아 : 나도 내가 들을만한 프로그램이 있는지 한번 찾아 봐야겠어요.

단어장

부업하다
교육열
좌우하다
만학도
부설 기관

대답해 봅시다

1. 한국의 교육열을 보여주는 사례에는 어떤 것이 있습니까?

2. 정규 교육 외에 특별한 교육 형태로는 어떤 것이 있습니까?

이야기해 봅시다

1. 여러분 나라에서는 교육열이 어느 정도입니까?

2. 여러분 나라에서는 정규 교육 외에 어떤 교육 형태가 있습니까?

3. 여러분은 어떤 교육 프로그램이 있으면 좋겠습니까?

단어장

-는 통에

어떤 일이 벌어진 환경이나 상황이 이유나 원인이 되어 부정적인 결과가 나타날 때 사용한다.

예 문

- 영화관에서 앞에 앉은 연인들이 떠들어 대는 통에 중요한 장면을 놓치고 말았다.
- 인터넷에서 수많은 정보가 넘쳐나는 통에 정작 필요한 정보는 찾을 수 없을 정도이다.
- 어부들은 거센 바람에 배가 흔들리는 통에 한시도 긴장을 놓을 수 없었다.

연습 1 〈보기〉와 같이 대화를 완성하십시오.

〈보기〉

가 : 어제 자동차 박람회가 문전성시를 이루었다면서요? 어땠어요?
나 : 말도 마세요. 구경하려는 인파가 몰리는 통에 구경도 제대로 못했어요.

1. 가 : 안나 씨, 요즘 왜 이렇게 피곤해 보여요?
   나 : 어제 밤에도 아이가 깨서 ______________ 한숨도 못 잤어요.

2. 가 : 송영 씨, 양말이 짝짝이네요? 아침에 많이 바빴어요?
   나 : 아침부터 정신이 없었어요. 룸메이트가 학교에 빨리 가야 한다고 ________________ 저도 같이 급하게 나왔거든요.

3. 가 : 도대체 보험을 몇 개나 가입하는 거예요?
   나 : 친구가 보험 회사에 다니는데 좋은 상품이라고 자꾸 ______________ 나도 모르게 또 가입하고 말았어요.

4. 가 : 퇴근시간도 아닌데 왜 이렇게 길이 막히지요?
   나 : 물어보니까 앞에서 접촉사고가 나서 운전자 두 사람이 ____________ 차가 이렇게 밀리는 거래요.

단어장

정작
거세다
한시도
문전성시
인파
짝짝이
접촉사고
밀리다

연습 2 〈보기〉를 넣어 아래의 빈칸을 완성하십시오.

〈보기〉

① 걸을 때마다 혹이 흔들려서 걷는 모습이 우스꽝스러웠다.
② 날이 어두워지는 바람에 길을 찾을 수 없었다.
③ 무서운 생각이 밀려와서 잠을 이룰 수 없었다.
④ 도깨비들이 계속 조르는 바람에 혹부리 영감은 혹이라고 대답해 버렸다.
⑤ 욕심을 부렸기 때문에 결국 벌을 받고 말았다.

옛날 어느 마을에 혹부리 영감이 살고 있었다. 마음이 착했지만 ① 걸을 때마다 혹이 흔들리는 통에 걷는 모습이 우스꽝스러웠다. 그래서 늘 놀림감이 되곤 했다. 어느 날 산으로 나무를 하러 간 혹부리 영감은 ②____________________________. 길을 헤매다 겨우 빈 집을 발견해서 잠을 자려고 누웠지만 ③ ____________________________.

그래서 혹부리 영감은 노래를 부르기 시작했는데 갑자기 어디선가 빨간 빛, 파란 빛이 비취더니 도깨비들이 나타났다. 도깨비들은 혹부리 영감의 노랫소리가 너무 좋았다. 그래서 도깨비들은 그 소리가 어디서 나는 것인지 가르쳐 달라고 졸랐다. ④ ____________________________.
그러자 도깨비들은 혹부리 영감의 혹을 떼고 사라졌다.

같은 마을에 사는 욕심쟁이 혹부리 영감은 그 이야기를 듣고 빈집을 찾아가 노래를 불렀다. 그런데 혹에서 노랫소리가 나오는 게 아니라는 걸 알게 된 도깨비들은 욕심쟁이 혹부리 영감에게 혹을 하나 더 붙여 줬다. 혹을 떼려다 혹을 붙인 욕심쟁이 혹부리 영감은 ⑤____________________________.

단어장
혹
빛이 비취다
조르다
놀림감(이) 되다
도깨비
(혹을) 떼다

연습 3 다음을 사용하여 문장을 만들어 이야기해 보십시오.

- -는 통에 -고 말다
- -는 통에 -(으)ㄹ 수 없다

(으)로 말미암아

앞의 명사가 원인이 되어 뒤의 결과가 있음을 나타낸다.

예문

- 말 한마디로 말미암아 두 사람의 사이는 깨지고 말았다.
- 갑작스러운 입시정책의 변화로 말미암아 각 학교는 대책 마련에 고심하고 있다.
- 전쟁으로 말미암아 교육을 받지 못했던 구세대들은 자녀교육에 더욱 심혈을 기울였다.

연습 1 〈보기〉와 같이 단어를 완성하십시오.

〈보기〉

집중호우, 산사태 연이어 발생

→ 집중호우로 말미암아 산사태가 연이어 발생하고 있다.

1. 경제 불황, 실업률 사상 최대

   → ______________________________

2. 일찍 찾아온 무더위, 해수욕장 개장 앞당겨

   → ______________________________

3. K-POP 열풍, ______________

   → ______________________________

4. 나쁜 식습관, ______________

   → ______________________________

단어장

입시

고심하다

산사태

연이어

불황

연습 2 여러분은 다음의 문제에 대하여 어떻게 생각합니까?

원인	결과
1. 우열반 신설	
2. 과도한 사교육	
3. 대학 서열화	

단어장
우열반
신설(하다)
서열화

연습 3 다음을 사용하여 문장을 만들어 이야기해 보십시오.

- (으)로 말미암아 -아/어지다
- (으)로 말미암아 -게 되다

18

미국에서 자국의 교육개혁을 주장하면서 한국을 본받아야 할 나라로 거론했다고 한다. 그런가 하면 영국의 더 타임스는 최근 과도한 사교육 열풍으로 인해 한국의 공교육이 실종됐다는 비판적인 보도를 했다는 소식도 들린다.

한국에서는 '학구제 위반'이라는 게 있다. 자녀를 좋은 학교에 보내기 위해 진학을 희망하는 학교 근처에 살지 않으면서 주소만 옮겨 놓는 경우를 말한다. 이렇게 공공연히 불법이 이루어지는 통에 실제 교육 현장에서 여러 가지 문제가 생기고 있다. 정원 미달로 폐교 위기에 처한 학교가 있는가 하면 선호하는 학교에는 학생이 몰려 정작 그 해당 지역에 살고 있는 학생은 더 먼 곳으로 진학해야 하는 피해를 입는 경우도 있다. 이러한 학부모들의 교육열은 '치맛바람'으로 표현되기도 한다. 학부모들이 수시로 학교를 드나들면서 자기 아이에게 특별한 배려를 해줄 것을 요청하곤 하는데 그 역할을 주로 어머니들이 맡기 때문이었다.

하지만 언제부턴가 '아이와 놀아주는 친구 같은 아빠'를 뜻하는 '프렌디'가 유행하더니 요즘은 '바짓바람'이란 말이 유행하고 있다. '바짓바람 아빠'는 요즘 한국의 교육 현실을 반영한 개념으로 그동안 직장생활에 쫓겨 자녀 교육에 소홀했던 아버지들이 이제는 '아버지회'를 조직해 학교 운영과 자녀 교육 등에 적극적으로 참여하고 있다.

한국의 높은 교육열로 새롭게 주목 받고 있는 '바짓바람 아빠'들은 '치맛바람'으로 말미암아 부정적인 이미지를 심어 주었던 한국 교육을 긍정적으로 보게 하는 계기가 되었다. 석유 한 방울 나오지 않는 대한민국이 세계 역사에 유례가 없는 초고속 경제성장을 달성할 수 있었던 것은 교육이었고 그것은 바로 부모들의 높은 교육열에서 비롯되었다는 것은 부정할 수 없는 진실이기 때문이다.

단어장

본받다
거론하다
공교육
실종되다
공공연히
미달
폐교
수시로
드나들다
조직하다
석유
유례
달성하다
비롯되다

대답해 봅시다

1. '학구제 위반'이란 무엇입니까?

2. 다음 용어들의 의미를 정리해 봅시다.

치맛바람	프렌디	바짓바람

이야기해 봅시다

1. 높은 교육열의 긍정적인 면과 부정적인 면에 대해서 알아봅시다.

긍정적인 면	부정적인 면
•	•
•	•
•	•

단어장

2. 위의 내용을 바탕으로 교육열에 대한 자신의 생각을 발표해 봅시다.

높은 교육열에는 긍정적인 면과 부정적인 면이 있다.
긍정적인 면으로는 __________이/가 있다. 그리고 ______________도 교육열의 긍정적인 면이라고 할 수 있다. 반면에 부정적인 면으로는 __________________,
____ 등을 들 수 있다.
나는 ____.

5과 어휘 확장

• 다음은 여러 종류의 교육입니다. 관련 있는 것끼리 연결하십시오.

1. 성교육 •	• 자신이 앞으로 나아갈 길을 찾도록 하는 교육
2. 인성교육 •	• 바람직한 사고와 태도 및 올바른 인격 형성을 위한 교육
3. 직무교육 •	• 성장기의 아이들에게 성에 관한 올바른 지식을 갖도록 하는 교육
4. 진로교육 •	• 재해를 방지하고 안전과 건강을 지키는 데에 필요한 모든 교육
5. 영재교육 •	• 아이가 가진 뛰어난 재능을 훌륭하게 발전시키기 위한 특수 교육
6. 안전교육 •	• 직책이나 직업상에서 자신이 맡은 일을 책임지고 해 낼 수 있도록 하는 교육

• 다음에서 알맞은 단어를 골라 대화를 완성하십시오.

투자 　 낙오자 　 교정하다 　 제공하다 　 언급하다 　 표방하다

1. 교육 현장에서 학부모가 교사에게 금품을 ________________ 법으로 금지하고 있다.

2. 경기가 안 좋아져서 경기에 대한 불안 심리가 심화되면 ________________ 위축되는 경향을 보인다.

3. 자유 무역을 ________________ 국가에서는 대외 거래에 크게 제한을 가하지 않고 비교적 개방적인 편이다.

4. 선생님은 학생들의 잘못된 무용 자세를 ________________ 학생들 손을 잡고 직접 시범을 보이셨다.

5. 부산에서 서울까지 20박 21일, 577.6km를 걷는 이번 대학생 국토대장정에서 단 한 명의 ________________ 없었다.

6. 그는 자기의 성장 과정에 대해서는 일절 ________________ 않았는데 어떻게 된 일인지 그의 신상을 주변 사람들이 다 알고 있었다.

단어장

인격
성
직책
금품
위축되다
시범
일절
신상

• 다음에서 알맞은 단어를 골라 문장을 완성하십시오.

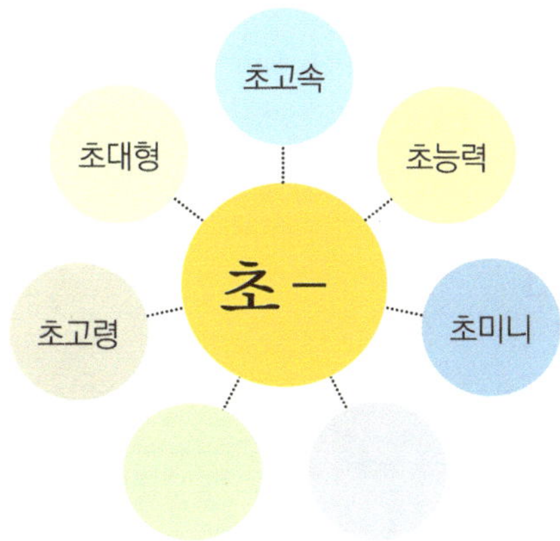

1. 박 씨는 상무가 된 지 1년 만에 전무가 되는 ____________ 승진으로 다른 이들의 부러움을 샀다.

2. 행사장 내에는 크기가 거의 자동차 한 대만한 ____________ 스피커가 장착되어 있었다.

3. ____________ 동물은 너무 작아서 번식이 힘든데다 유전적 문제도 가지고 있어서 각별한 관리가 요구된다.

4. 총인구에서 65세 이상이 차지하는 비율이 20%를 넘으면 ____________ 사회라고 한다.

5. 요즘 인간의 능력을 뛰어넘는 ____________ 소재로 한 영화가 대세다.

6. ____

7. ____

단어장
장착되다
번식
각별하다

• 다음은 핀란드와 한국 고등학생의 교육 현황을 비교한 자료입니다. 자료를 보고 차이를 이야기해 봅시다.

핀란드	구분	한국
오전 8시 30분	등교 시간	오전 7시 30분
오후 3시 30분	하교 시간	오후 6시
오후 11~12시 (하루 7~8시간)	취침 시간 (수면 시간)	새벽 1시~2시 (하루 4~5시간)
독서, 강아지 산책	취미	없음
없음	학원	오후 6시~9시
가족 여행	방학 계획	보충 수업 학원 수업

◉ 다음을 듣고 물음에 답하십시오. 19

1. 들은 내용을 정리해 보십시오.

핀란드의 교육		교육 내용
경쟁이 없는 교육	우등반과 열등반	
	성적표	
	학교에서 배우는 것	
낙오자가 없는 교육	교육 정책	

단어장
주관하다
성취하다
최하위
최상위
우등반
열등반
등수
제각기
낙오자
표방하다
도달하다
예산
책정하다

2. 들은 내용과 같은 것을 고르십시오. (　　)

① 핀란드 학생들은 학교에 다니면서 시험을 치지 않기 때문에 성적표가 없다.
② 핀란드에서는 학교에서 경쟁보다 협동을 더 중요한 교육 목표로 삼고 있다.
③ 핀란드에서는 성적 우수자와 열등자가 동일한 교육 예산으로 교육을 받는다.
④ 한국 학생들은 학업 성취도뿐만 아니라 삶의 만족도도 높은 것으로 나타났다.

이야기해 봅시다

● 바람직한 학교 교육의 방향에 대해 이야기해 봅시다.

가르쳐야 할 항목	이유
•	•
•	•
•	•

교육 방법
•
•
•

단어장

• 다음의 단어를 보고 대안 교육에 대해 생각해 봅시다.

대안학교 | 홈스쿨링 | 품앗이 교육

◉ 다음 글을 읽고 물음에 답하십시오.

틀에 박힌 교육은 싫어!

공교육의 위기는 어제 오늘의 문제가 아니다. 촌지, 학교 폭력, 집단 따돌림, 비위생적인 급식 등 학교는 수많은 문제들로 골치를 앓고 있다. 아이들은 획일화된 교육 제도, 숨 막히는 입시 경쟁으로 꿈이 아닌 점수를 향해 힘겹게 달려가고 있으며 부모들은 부모대로 사교육비를 감당하느라 어깨가 무겁다. 이처럼 공교육에 신뢰를 잃은 많은 부모들이 공교육 대신 대안 교육을 선택하는 경우가 많아지고 있다. 시시때때로 변하는 학교 제도에 휘둘리지 않는 우리 집만의 방법으로 아이의 재능을 살리는 '홈스쿨링(Homeschooling)'이 바로 그것이다. 요즘 홈스쿨링은 새로운 배움의 장으로 대두되고 있다.

홈스쿨링은 시간을 자율적으로 활용할 수도 있고 진로를 폭넓게 모색할 수도 있다는 게 장점으로 꼽힌다. 6년째 두 자녀를 홈스쿨링하고 있는 김○○ 씨는 '첫째 아들이 학업에 대한 스트레스가 심해 홈스쿨링을 시작하게 됐다'고 했다. 김 씨는 수학 과외 교사이고 아내 박○○ 씨는 영어 과외 교사라서 두 부부가 자녀들의 각 과목 교육을 맡아 왔다. 박 씨는 '딸이 미국 드라마를 보다가 번역에 관심을 보여서 자막을 만드는 프로그램을 알려준 적이 있는데 이제는 영어를 능숙하게 번역하는 단계까지 이르렀다'며 '홈스쿨링은 다양한 방법으로 배움의 방식을 찾을 수 있다'고 말했다.

그러나 홈스쿨링에도 어두운 단면은 있다. 홈스쿨링을 하는 가족들은 '아이들이 하루 종일 원하는 책을 읽고 자연에서 뛰어놀 것 같지만 이상과 현실은 다르다'고 조언한다. 홈스쿨링 8년째인 김○○ 씨는 '아들과 늘 함께 있다 보니 충돌이 잦아졌고 어느 날은 다른 이유로 화가 났음에도 아들에게 히스테리를 부리고 있는 내 모습을 발견했다'고 말했다. 약 1년 간 초등학교 2학년 딸을 홈스쿨링하다 포기한 한○○ 씨는 '남편과 합의가 안 된 상태에서 막무가내로 내가 홈스쿨링을 하자고 밀어붙였다'며 혼자 교육시키려다 보니 부담이 됐고 부부싸움도 잦아져 오히려 딸에게 안 좋은 모습만 보였다'고 말했다.

홈스쿨연구소 이○○ 소장은 '체계적인 준비 없이 홈스쿨링을 시작하면 부모와 자녀 간 마찰만 심해져 100% 실패한다'고 말했다. 하지만 '가족의 합의 하에 홈스쿨링의 목표를 세우고 그에 맞는 계획을 철저하게 세운다면 성공적으로 홈스쿨링을 할 수 있다'고 말했다.

단어장

틀에 박히다
촌지
집단 따돌림
급식
골치를 앓다
감당하다
신뢰
휘둘리다
자율적
폭넓게
단면
충돌
잦다
히스테리
막무가내
마찰
철저하다

1. 각 문단의 내용을 정리해 보십시오.

문단	주요 내용	세부 내용
1		
2		
3		
4		

2. 이 글에 대한 설명으로 알맞지 않은 것을 고르십시오. (　　)

① 구체적인 사례를 들어 홈스쿨링을 소개하고 있다.
② 홈스쿨링이 생기게 된 배경에 대해 언급하고 있다.
③ 전문가의 말을 인용하여 홈스쿨링 시 유의점을 지적하고 있다.
④ 여러 사람의 인터뷰를 통해서 홈스쿨링의 필요성을 강조하고 있다.

3. 홈스쿨링에 대한 내용으로 맞는 것을 고르십시오. (　　)

① 다양한 방법으로 진로를 모색할 수 있다.
② 공교육이 가지고 있는 문제를 대부분 해결할 수 있다.
③ 특별한 준비를 하지 않아도 시작할 수 있다는 장점이 있다.
④ 부모 중 한 명이 충분히 교육할 수 있기 때문에 부담이 없다.

단어장

이야기해 봅시다

- 홈스쿨링을 통한 교육에 대해 어떻게 생각합니까? 친구들과 이야기해 봅시다.

홈스쿨링을 통한 교육	
자신의 생각	

쓰기

◉ 바람직한 학교 교육에 대한 자신의 생각을 쓰십시오.

처음	학교 교육의 현황 및 문제점	
가운데	자신이 생각하는 바람직한 교육	
	이유	
	모범 사례	
끝	마무리 및 정리	

▶ 위의 글을 원고지에 써 보십시오.

5과 속담과 관용어

속담 · 관용표현

20

가 : 엄마, 내가 이번에도 장학금을 받을 거라고 약속했잖아요. 그런데 그게 좀 어려울 것 같아요.

나 : 왜? 열심히 하고 있잖아.

가 : 우리 반에 나랑 실력이 비슷한 아이가 몇 명 있거든요. 그 애들이 요즘 너무 열심히 해서 좀 불안해요.

나 : 길고 짧은 건 대 봐야 알지. 걱정 말고 평소에 하던 대로 열심히 해 봐.

가 : 그렇겠지요?

나 : 공든 탑이 무너지겠어? 노력은 배신하지 않아. 너무 걱정하지 마.

◉ 위 대화 속의 속담의 의미를 생각해 보고 친구와 대화를 만들어 봅시다.

관용어

눈에 불을 켜다	어떤 일에 관심을 갖고 아주 열심히 하다
눈 밖에 나다	믿음을 잃고 미움을 받다

1. 가 : 뭘 그렇게 열심히 해요?
   나 : 퀴즈를 풀고 있어요.
   가 : 무슨 퀴즈인데 그렇게 ________________ 풀고 있어요?
   나 : 십 분 안에 다 풀면 백만 원 상품권을 준대요.

2. 가 : 이번 달부터 용돈이 확 줄었어요.
   나 : 왜요? 무슨 일 있었어요?
   가 : 아무래도 부모님 __________________ 같아요. 성적 올리기로 약속하고 오토바이를 샀는데 오히려 성적이 더 떨어졌거든요.
   나 : 저런, 남의 일 같지가 않네요.

서시

윤동주 (1917~1945)

죽는 날까지 하늘을 우러러
한 점 부끄럼이 없기를

잎새에 이는 바람에도
나는 괴로워했다.

별을 노래하는 마음으로
모든 죽어가는 것을 사랑해야지.

그리고 나한테 주어진 길을
걸어가야겠다.

오늘 밤에도 별이 바람에 스치운다.

6과 경제와 소비 생활

학습목표

| **대화** 경제 관련 신조어
| **읽고 말하기** 굿바이 쇼핑

| **듣기** 틈새시장의 성공 사례
| **읽기** 수집을 통한 재테크
| **쓰기** 재테크

| **문학 나들이** 엄마 걱정 (기형도)

| **문법과 표현 1** -다기보다(는)
| **문법과 표현 2** -(으)ㄴ 나머지

| **속담과 관용어**
허리띠를 졸라매다
옷이 날개다
손이 크다 / 손이 모자라다

대화 경제 관련 신조어

21

안 나 : 제임스 씨, 직장 그만뒀다면서요? 남들이 다 부러워하는 회사를 왜 그만뒀어요?

제임스 : 예전부터 꿈꾸던 세계 일주를 해 보려고요.

안 나 : 여행 때문에 직장을 그만두다니 대단한 용기네요. 그런데 세계 일주는 돈이 많이 들 텐데요.

제임스 : 그동안 모은 돈 쓰면 되지요. 그러려고 돈 버는 거 아니에요?

안 나 : 와, 제임스 씨가 말로만 듣던 욜로족이네요.

제임스 : 네? 욜로족이요? 그게 무슨 말이에요?

안 나 : 욜로족은 한 번뿐인 인생을 즐기면서 살자는 생각을 가진 사람들을 말해요.

제임스 : 그럼 제가 욜로족이 맞네요. 저도 불확실한 미래에 투자하기보다는 현재를 즐기면서 살고 싶거든요.

안 나 : 저는 욜로족까지는 아니라도 워라밸을 실천하고 있어요. 제임스 씨, 워라밸은 들어 봤죠?

제임스 : 네. 그건 저도 알죠. 근데 제 동료들을 보니까 일과 개인 생활의 균형을 맞추기가 힘들어 보이던데 안나 씨는 어떻게 워라밸을 실천하고 있어요?

안 나 : 우리 회사는 워라밸을 장려하는 편이에요. 보통 정시 퇴근을 하니까 퇴근 후에 공연을 보기도 하고 아이와 문화 센터에 다니기도 해요. 가끔 연가를 모아서 장기 여행도 가고요. 요즘 이런 회사들이 많아지고 있어요.

제임스 : 아, 그래서 직장인을 위한 여행 상품이나 문화 센터의 야간 강좌가 많은 거군요. 저도 얼마 전에 저녁에 뭐 좀 배워볼까 하고 찾아봤더니 직장인 프로그램이 많고 다양하더라고요.

안 나 : 점점 라이프 스타일이 개인 중심으로 바뀌는 것 같아요. 얼마 전에 뉴스를 봤는데 직장인들의 교육, 오락, 문화 지출이 급증하는 등 소비 풍조가 달라지고 있대요.

제임스 : 그렇죠. 인생에서 가장 중요한 건 나 자신이니까요.

단어장

일주
균형을 맞추다
연가
오락
지출

대답해 봅시다

1. 욜로족은 어떤 사람을 말합니까?

2. 워라밸을 실천하는 방법에는 무엇이 있었습니까?

이야기해 봅시다

1. 여러분은 욜로족에 대해 어떻게 생각합니까?

2. 경제와 관련된 신조어를 찾아서 소개해 봅시다.

단어장

-다기보다(는)

앞의 상황과 뒤의 상황을 비교하여 뒤의 상황에 더 큰 의미가 있음을 나타낼 때 사용한다.

예 문

- 나는 술을 좋아한다기보다는 술을 마시는 분위기를 좋아한다.
- 그는 우유부단하다기보다 냉정하지 못한 사람이지.
- 두 선수는 라이벌이라기보다는 선의의 경쟁자라고 할 수 있을 것이다.

연습 1 〈보기〉와 같이 대화를 완성하십시오.

〈보기〉

가 : 면접을 위해 성형수술을 한다는 사람들도 있던데 외모로 사람의 능력을 평가할 수 있을까?

나 : 그건 외모로 사람을 평가한다기보다는 외모를 통해 나타나는 사람의 성격을 파악한다는 의미일 거예요.

1. 가 : 욜로족들은 미래에 대한 투자를 안 하는 것 같아.

   나 : 그 사람들은 ______________________________

2. 가 : 나는 대학생들이 너무 아르바이트를 많이 하는 것을 보면 공부할 시간을 낭비하는 것 같아.

   나 : 아니야. 아르바이트로 단순히 ______________________________

3. 가 : 민지 씨가 몸이 안 좋은가 봐요. 일찍 집에 가더라고요.

   나 : 제가 봤을 때 민지 씨는 ______________________________

4. 가 : 어르신들 중에는 교육을 많이 받지 않으셨는데도 삶의 지혜가 느껴지는 분들이 계셔.

   나 : 그래. 삶의 지혜는 학교에서 ______________________________

단어장

냉정하다
라이벌
선의
파악하다

연습 2 나에게 의미 있는 물건이나 사람은 무엇입니까?
그 이유는 무엇인지 친구와 이야기해 봅시다.

〈보기〉

내가 키우는 강아지 다솜이는 나에게 반려동물이라기보다는 소중한 가족과 같다. 다솜이는 가족들과 떨어져 살아서 외로운 나에게 가족의 정을 느낄 수 있게 해주기 때문이다.

	나	친구
물건 / 사람		
이유		

단어장

연습 3 다음을 사용하여 문장을 만들어 이야기해 보십시오.

- -다기보다 -(이)라고 할 수 있다
- -다기보다 -에 가깝다

–(으)ㄴ 나머지

원인이 되는 일이나 상태가 너무 심해 그에 따른 결과가 나타날 때 사용한다.

예 문

- 그녀는 남편의 파산 소식에 충격을 받은 나머지 쓰러지고 말았다.
- 어머니는 아들의 합격 소식을 듣고 너무 기쁜 나머지 말을 잇지 못했다.
- 아침에 너무 급하게 서두른 나머지 지갑을 두고 나왔다.

연습 1 〈보기〉와 같이 문장을 완성하십시오.

〈보기〉

➡ 배가 너무 고픈 나머지 냉장고에 있던 음식을 모두 다 먹어 치웠다.

1. 

➡ ____________________

____

2. 

➡ ____________________

____

3. 

➡ ____________________

____

4. 

➡ ____________________

____

단어장

연습 2 〈보기〉의 내용을 바꾸어 빈칸을 완성하십시오.

〈보기〉

㉠ 한 총각이 황진이의 아름다운 모습을 보고 상사병에 걸려 죽고 말았다.
㉡ 끼와 재주가 너무 뛰어나 한 남자의 아내로 평범하게 살아갈 수 없음을 알게 되었다.
㉢ 자신의 재주보다 외모에만 집착하는 남자들에 질려 자신의 내면을 알아주는 남자를 찾고 싶어 했다.
㉣ 자존심이 상해서 밤마다 술과 춤으로 서경덕을 유혹했다.
㉤ 큰 감동을 받아 시 한 수만을 남기고 집으로 돌아갔다.

조선 시대에 아름답고 재주가 많은 황진이라는 처녀가 있었다. 그녀를 보면 그 미모에 빠져서 헤어 나올 수 없을 정도였다고 한다. 어느 날 황진이가 사는 마을에 ㉠ 한 총각이 황진이의 아름다운 모습을 보고 상사병에 걸린 나머지 죽고 말았다. 그 일을 통해 황진이는 자신이 ㉡ ________________________. 그래서 그녀는 기생이 되었다. 노래도 뛰어나고 시도 잘 썼던 황진이에게 많은 남자들이 반했다. 하지만 정작 황진이는 ㉢ ________________________. 그래서 평소 여자 보기를 돌 같이 한다는 서경덕을 유혹의 대상으로 삼아 서경덕이 공부하는 곳으로 찾아갔지만 서경덕은 다른 남자들과 달리 황진이에게 어떠한 관심조차 보이지 않았다. 그러자 황진이는 ㉣ ________________________. 하지만 서경덕은 냉정한 태도를 유지했다. 그런 서경덕에게 황진이는 ㉤ ________________________.

단어장
- 상사병
- 끼
- 재주
- 집착하다
- 질리다
- 내면
- 미모
- 헤어 나오다

연습 3 다음을 사용하여 문장을 만들어 이야기해 보십시오.

- -(으)ㄴ 나머지 -고 말다
- -(으)ㄴ 나머지 -지 못하다

22

소비가 생활이 되어 버린 현대 사회, 생필품을 제외하고 아무것도 사지 않는 생활이 과연 가능할까? 현대인들의 소비 습관에 경종을 울리는 작품이 있다. '굿바이 쇼핑 - 아무것도 사지 않은 1년 그 생생한 기록'이라는 책이다.

너나 할 것 없이 흥청망청 써대는 크리스마스와 연말의 분위기가 가득한 뉴욕의 거리, 주디스 러바인은 양손 가득 쇼핑백을 쥔 채 걷다가 넘어지면서 물웅덩이에 쇼핑백을 빠뜨렸다. 주디스는 한 달 치의 월급을 투자한 물건을 그냥 포기할 수 없었다. 바삐 걷는 사람들 틈에 주저앉아 흩어진 물건을 황급히 줍던 그녀에게 불현듯 한 생각이 머리를 스쳤다. '크리스마스마다 꼭 이렇게 선물을 사야 돼? 난 이제 사지 않겠어.'

그녀는 환멸을 느꼈다. 소비하지 않고는 못 견디는 사회, 무엇이든 사야 할 것만 같고 사지 않으면 바보가 되는 사회에 대해서. 도시 곳곳에 만연한 소비를 권하는 풍조에 의문을 품게 된 것이다. 왜 소비해야 하나? 무엇을 위해 우리는 소비하나?

이 작은 경험에서 그녀의 도전, '아무것도 사지 않는 1년' 프로젝트가 시작되었다. 그녀는 빵이나 우유, 휴지 같은 생필품을 제외하고는 그 어떤 것도 소비하지 않는 1년을 보내기로 결심했다. 그녀는 프로젝트를 시작한 후 온갖 유혹과 충동, 후회에 부딪히게 되었고 그것을 이겨내는 가운데 가까스로 1년이라는 약속된 기간을 채웠다.

이 프로젝트를 하면서 주디스는 반소비주의자가 되었다기보다는 현명한 소비자가 되었다고 할 수 있다. '사지 말자'라는 간단한 생각에서 출발했지만 그 과정에서 자신의 소비 습관을 관찰하게 되었고 소비에만 익숙해진 나머지 생각지 못했던 것들을 깨닫게 되었다. 보다 합리적인 소비란 무엇인지, 이를 위해 우리는 어떤 생각을 가져야 하며 어떻게 행동해야 하는지에 대해 끊임없이 고민하고 성찰해야 한다는 것이다.

단어장

경종을 울리다
생생하다
흥청망청
물웅덩이
주저앉다
흩어지다
황급히
불현듯
(생각이) 스치다
환멸
만연하다
의문을 품다
프로젝트
충동
채우다
관찰하다
성찰하다

대답해 봅시다

1. '굿바이 쇼핑'이란 무슨 의미입니까?

2. 다음 내용을 정리해 봅시다.

주디스가 생필품 이외에는 소비를 안 하기로 한 이유	
'아무것도 사지 않은 1년' 후 주디스가 깨달은 것	

이야기해 봅시다

1. 자신의 소비 습관을 돌이켜 보고 정리해 봅시다.

소비 습관
• • •

2. 위의 내용을 바탕으로 현명한 소비란 무엇인지 발표해 봅시다.

나는 ______________________. 현명한 소비란 ______________________

____.

단어장

어휘 확장

• 다음은 경제와 관련된 어휘들입니다. 관련 있는 것끼리 연결하십시오.

1. 경기 •	• 물건 가격의 변동을 나타내는 지수
2. 수요 •	• 어떤 물건을 일정한 가격에 사려고 하는 욕구
3. 공급 •	• 빌려 준 돈이나 예금 등에 붙는 이자
4. 금리 •	• 호황, 불황 등의 경제 활동 상태
5. 관세 •	• 수출, 수입되는 화물에 대하여 부과되는 세금
6. 물가지수 •	• 교환하거나 판매하기 위하여 시장에 재화나 용역을 제공하는 일
7. 국민소득 •	• 여러 나라에 계열 회사를 거느리고 세계적 규모로 생산, 판매하는 대기업
8. 인플레이션 •	• 보통 1년 동안 한 나라의 국민이 생산 활동의 결과로 얻은 총액
9. 다국적기업 •	• 통화량이 많아져 화폐 가치가 떨어지고 물가가 계속 올라 일반 대중의 실질적 소득이 감소하는 현상

• 다음에서 알맞은 단어를 골라 문장을 완성하십시오.

파격적 | 희소성 | 공략하다 | 부추기다 | 절제하다

1. 그는 치료를 위해 술과 커피를 얼마 동안 ________________
2. 이 앨범은 특별히 한정량만 발매되어 ________________ 높다.
3. 내년부터 우리 잡지사는 영문판 발간을 시작으로 해외 시장을 ________________
4. 우리 백화점에서는 봄 신상품에 대해서 ___________ 가격 인하를 실시하고 있습니다.
5. 새로 출범한 정부는 부동산 투기를 ________________ 정책을 세웠기 때문에 여론의 비난을 받았다.

단어장

변동
욕구
예금
호황
화물
부과되다
재화
용역
계열
거느리다
통화량
소득
발간하다
인하
출범하다
투기

• 다음에서 알맞은 단어를 골라 문장을 완성하십시오.

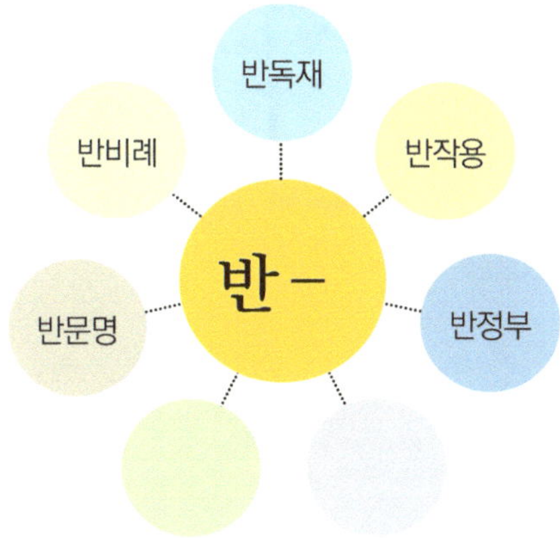

반(反) –

'그와 반대되는' 또는 '그것에 반대하는'의 뜻을 더하는 말

1. 유가 상승과 경제 성장률은 __________ 관계에 있다.

2. 청소년들의 반항적인 행동은 기성세대의 보수적인 성향에 대한 __________ 나타난다.

3. 유명한 소설가였던 그녀는 현대 물질문명의 발달로 인한 폐해를 다룬 소설에서 ________ 입장을 나타냈다.

4. 정부의 정책에 반대하여 일어난 ________ 시위가 전국적으로 확대되었다.

5. 쿠바혁명은 쿠바에서 1953년부터 시작된 __________ 운동으로 1959년에 신정부 수립으로 발전한 혁명이다.

6. ____

7. ____

단어장

유가
반항적
기성세대
폐해
시위
혁명

6과 듣기

• 다음은 다양한 냉장고의 형태입니다. 그림을 보고 어떤 기능을 하는지 이야기해 봅시다.

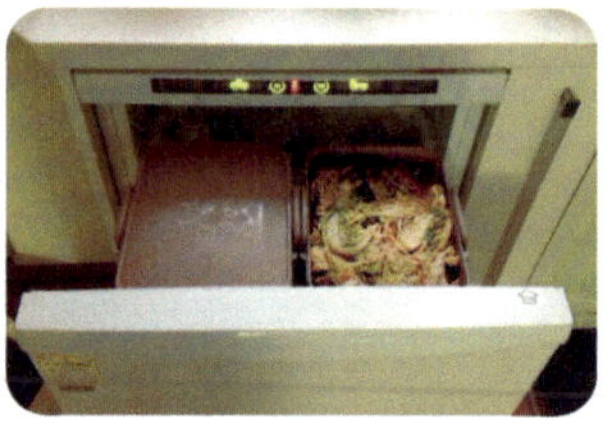

◉ 다음을 듣고 물음에 답하십시오. 🎧 23

1. 틈새시장은 어떤 시장을 말합니까? 빈 칸을 채워 보십시오.

특정한 성향을 가진 ______________을/를 집중적으로 공략하는 시장을 말하는데 예를 들면 ____________________을/를 위한 물품이나 ______________을/를 위한 빅사이즈 의류 시장 등이 있습니다.

2. 틈새시장이 거대 시장으로 바뀐 사례를 정리해 보십시오.

김치 냉장고	
그 외 냉장고	

3. 1인 가구를 위한 상품에는 무엇이 있는지 정리해 보십시오.

전자 제품 업계	
식품 업계	
유통 업계	

4. 들은 내용과 같은 것을 고르십시오. (　　)

① 틈새시장은 매스마케팅과 유사한 의미의 시장을 말한다.
② 1인 가구의 증가로 그들을 겨냥한 틈새시장도 다양하게 나타나고 있다.
③ 김치 냉장고에 이어 쌀 냉장고도 틈새시장에서 거대 시장으로 성장했다.
④ 음식물 쓰레기를 획기적으로 줄여주는 전자제품이 틈새시장에 새롭게 등장했다.

단어장

틈새시장
비집다
성향
매스마케팅
대비되다
왼손잡이
거구
체형
희소성
애장품
혼수
공략하다
벽걸이
조리(하다)
신장
무한하다
겨냥하다
획기적

이야기해 봅시다

- 틈새시장의 성공 사례를 찾아보고 틈새시장 창업 계획을 써 보십시오.

틈새시장 성공 사례		
틈새시장 창업 계획	공략 대상	
	구체적인 계획	

단어장

6과 읽기

- 여러분은 평소에 어떻게 돈을 모으고 있습니까? 돈을 모으는 방법에 대해 이야기 해 봅시다.

◉ 다음 글을 읽고 물음에 답하십시오.

이런 재테크도 있다

많은 사람들이 경제적으로 든든한 미래를 위해 돈을 불리는 방법에 관심을 가지고 있다. 그래서 남녀노소를 불문하고 부자가 되기 위해 여러 가지 재테크 방법을 생각한다. 그런데 최근에는 금융 상품 말고도 다양한 방법으로 재테크를 하는 사람들이 늘어나고 있다. 대표적인 방법이 오래된 물건이나 희귀한 물건을 수집하는 것이다. 수집은 취미나 연구를 위해서 여러 가지 물건이나 재료를 찾아 모으는 일인데 요즘은 이러한 수집이 훌륭한 재테크 수단이 되고 있다.

50대의 한 남자는 수십 년 동안 LP를 모아 왔다. 그는 처음에는 LP를 좋아해서 단순한 취미로 수집을 시작했지만 지금은 카페를 운영하면서 LP로 돈을 벌고 있다. 디지털 음원에 적응하지 못한 4,50대 장년층들이 아날로그 감성을 그리워하며 이 카페를 많이 찾고 있다고 한다. LP뿐만 아니라 그림도 재테크 수단으로 인기가 많다. 유명한 화가의 작품을 모아 두었다가 필요로 하는 사람에게 작품을 되파는 방식의 재테크다. 물론 이런 재테크를 하는 사람들은 그림을 사기 위해 때로는 엄청난 돈을 들이기도 하지만 그 그림을 팔면 산 금액 이상의 돈을 벌 수 있기 때문에 그 돈이 아깝지 않다고 생각한다. 일종의 투자인 셈이다. 이 외에도 지금은 절판된 우표나 옛날 서적, 희귀 동전 등을 수집하는 사람들도 많다.

물건뿐만 아니라 곤충으로 재테크를 하는 사람들도 있다. 희귀한 곤충을 키워 그 곤충을 원하는 사람에게 파는 것이다. 물론 곤충에게 가격을 매겨 사고파는 것에 거부감이 들 수도 있지만 희소성이 있는 특정한 종은 가치가 높기 때문에 많은 사람들이 이 방법으로 재테크를 하고 있다. 곤충은 집에서 쉽게 키울 수 있고 비교적 관리가 편해서 인기 있는 재테크 수단이다. 이러한 곤충들은 연구기관이나 학교 등에 납품된다. 이 중에서 특히 사슴벌레와 장수풍뎅이가 많이 거래된다.

단어장

재테크
든든하다
돈을 불리다
음원
장년층
아날로그
되팔다
절판되다
곤충
가격을 매기다
납품되다
거래되다

1. 각 문단의 내용을 정리해 보십시오.

문단	주요 내용	세부 내용
1		
2		
3		

2. 이 글에 대한 설명으로 맞는 것을 고르십시오. (   )
   ① 재테크의 개념을 자세히 설명하고 있다.
   ② 재테크의 다양한 방법을 소개하고 있다.
   ③ 재테크에 대한 찬반 의견을 비교하고 있다.
   ④ 재테크 방법이 변화하는 현황을 분석하고 있다.

3. 이 글의 내용과 다른 것을 고르십시오. (   )
   ① 큰돈을 들여 수집할 물건을 사는 것은 투자의 한 방법이다.
   ② 대부분의 사람들은 돈을 벌기 위해 다양한 재테크 방법을 생각한다.
   ③ 최근 희귀한 물건을 수집하여 재테크를 하는 사람들이 늘어나고 있다.
   ④ 곤충 중에서 주로 사슴벌레가 투자의 대상이 되는 것은 종류가 많기 때문이다.

단어장

이야기해 봅시다

- 여러분이 알고 있는 또 다른 재테크 방법이 있습니까? 친구들에게 소개해 봅시다.

6과 쓰기

◉ 재테크의 구체적인 방법을 설명하는 글을 쓰십시오.

처음	재테크 방법 소개	
가운데	구체적인 방법 설명	
	다른 재테크와 차별화된 장점	
끝	주의할 점	

▶ 위의 글을 원고지에 써 보십시오.

6과 속담과 관용어

속담 · 관용표현

24

가 : 와, 오랜만에 백화점에 오니까 눈이 빙빙 도네. 보는 물건마다 좋아 보이고 예뻐 보여서 몽땅 사고 싶어.

나 : 조심해. 요즘 같은 불경기에는 <u>허리띠를 졸라매야</u> 되는 거야. 다른 것에는 눈길 주지 말고 누나 결혼식 때 입을 정장만 사고 빨리 돌아가자.

가 : 그래. 알았어. 꼭 우리 엄마처럼 잔소리 한다니까. 이 옷 한번 봐. 정말 멋있지 않아? 한번 입고 나와 봐.

나 : 정말 멋진데. 입어 볼게.

〈잠시 후〉

가 : 와, 정말 멋있다. <u>옷이 날개라더니</u> 그 말이 딱이네.

나 : 무슨 소리야. 내가 원래 멋있으니까 멋져 보이는 거라고.

◉ 위 대화 속의 속담의 의미를 생각해 보고 친구와 대화를 만들어 봅시다.

관용어

손이 크다	씀씀이가 크다.
손이 모자라다	일을 할 사람이 부족하다.

1. 가 : 지훈아, 엄마 좀 도와줄래?
   나 : 왜요? 지금 숙제하는데요.
   가 : 숙제는 나중에 해. 저녁에 엄마 동창들이 놀러오기로 했는데 지금 ____________ 냉장고에서 고기 좀 꺼내 올래?
   나 : 알겠어요. 근데 냉장고에 있는 고기랑 과일이랑 모두 드실 거예요?
   가 : 당연하지.
   나 : 몇 명이 오는데 이렇게 음식을 많이 준비해요?
   가 : 음……. 4명 쯤?
   나 : 4명요? 정말 ____________. 10명이 먹어도 남겠어요.

엄마 걱정

기형도 (1960~1989)

열무 삼십 단을 이고
시장에 간 우리 엄마 안 오시네.
해는 시든지 오래
나는 찬밥처럼 방에 담겨
아무리 천천히 숙제를 해도
엄마는 안 오시네.
배춧잎 같은 발소리 타박타박 안 들리네.
어둡고 무서워
금 간 창틈으로 고요히 빗소리
빈방에 혼자 엎드려 혼자 훌쩍거리던

아주 먼 옛날
지금도 내 눈시울 뜨겁게 하는 그 시절
내 유년의 윗목

7과 공동체 생활

학습목표

| **대화** 기부 방법
| **읽고 말하기** 노블레스 오블리주

| **듣기** 국제 구호 단체
| **읽기** 다문화 사회
| **쓰기** 각국의 다문화 정책

| **문학 나들이** 배추의 마음 (나희덕)

| **문법과 표현 1** -는 데(에)
| **문법과 표현 2** -는 이상

| **속담과 관용어**
먼 친척보다 가까운 이웃이 낫다
백지장도 맞들면 낫다
귀가 얇다 / 귀를 기울이다

대화 기부 방법

25

왕 붕 : 요즘처럼 각박한 세상에 다른 사람을 위해 고액을 기부하는 사람들의 모임이 있더라.

민 지 : 아너소사이어티 말하는 거야?

왕 붕 : 응. 너도 아는구나. 돈이 많다고 해도 기부라는 게 쉬운 일이 아닌데 정말 대단한 것 같아.

민 지 : 물론 아너소사이어티처럼 성공해서 자신이 가진 것을 주변 사람들과 나누는 분들도 있지만 어렵게 생활하는 가운데 힘들게 번 돈을 기부하는 분들도 있어.

왕 붕 : 맞아. 나도 나중에 돈을 많이 벌면 그 분들처럼 살고 싶어.

민 지 : 크기나 형식에 얽매이지 않고 나누려는 마음만 갖는다면 지금이라도 기부는 할 수 있어. 돈이나 물건이 아니라 재능도 필요한 곳에 기부할 수 있고.

왕 붕 : 재능을 기부한다고?

민 지 : 응. 단체나 개인이 갖고 있는 재능을 기부하는 거야. 넌 컴퓨터를 잘하니까 컴퓨터를 배우고 싶어 하는 사람들에게 가르쳐 줄 수 있는 거지.

왕 붕 : 그런 거라면 지금이라도 당장 시작할 수 있겠네. 생각만 해도 뿌듯해지는 걸. 근데 너는 기부해 본 적 있어?

민 지 : 음……. 적은 금액이긴 한데 어려운 아이들을 위해 써 달라고 매달 유니세프에 기부를 하고 있어.

왕 붕 : 기부는 취직한 후에나 할 수 있을 거라고 생각했는데 너는 벌써 기부하고 있다니 내가 좀 부끄러워지네.

민 지 : 그렇게 생각하지 마. 너도 이제부터 시작하면 되지.

왕 붕 : 나도 이참에 씀씀이를 줄이고 좋은 일에 좀 써 볼까?

민 지 : 좋은 생각이야.

단어장

각박하다
고액
얽매이다
재능
뿌듯하다
이참에
씀씀이

대답해 봅시다

1. 아너소사이어티는 어떤 사람들의 모임입니까?

2. 기부의 형태에는 어떤 것들이 있습니까?

이야기해 봅시다

1. 여러분의 기부 또는 봉사 경험에 대해 이야기해 봅시다.

2. 다양한 기부 형태에 대해서 이야기해 봅시다.

단어장

-는 데(에)

어떤 일의 목적, 원인, 특징, 문제 등을 구체적으로 설명할 때 사용한다.
※ '-다는 데(에) 있다'의 형태로 많이 쓰인다.

예 문

- 이 연구의 목적은 한국어를 익히는 과정에서 일어난 오류를 분석하는 데 있다.
- 조선의 도자기는 소박하면서도 우아한 데 그 특징이 있다.
- 나눔의 진정한 의미는 우리의 삶을 생동감 있고 행복하게 만들어 준다는 데 있다.

연습 1 〈가〉와 〈나〉를 연결한 후 문장을 완성하십시오.

〈가〉	〈나〉
삼계탕의 효능 •	• 세계가 스포츠로 하나가 되는 것이다
소통의 진정한 목적 •	• 자신이 가지고 있는 것을 다른 사람과 나누다
올림픽의 의의 •	• 상대방의 마음을 파악하고 이해하다
기부의 의미 •	• 찬 속을 따뜻하게 회복시켜 몸을 보호해 주다
________ •	• ____________________

1. 삼계탕의 효능은 찬 속을 따뜻하게 회복시켜 몸을 보호해 주는 데에 있다.
2. ____________________
3. ____________________
4. ____________________
5. ____________________

단어장
소박하다
우아하다
진정하다
생동감

연습 2 〈보기〉와 같이 주제에 맞게 내용을 완성하십시오.

주제	내용
〈보기〉 • 인성 교육의 목적	인성 교육의 목적은 바람직한 인격을 형성하는 데에 있다.
• 수집 재테크의 장점	
• 대중문화의 특징	
• 도시 개발의 문제점	
• 사투리의 가치	
• ____________________	

단어장

연습 3 다음을 사용하여 문장을 만들어 이야기해 보십시오.

- -은/는 -는 데 -이/가 있다
- -은/는 -는다는 데 있다고 할 수 있다

-는 이상

이미 정해졌거나 확실한 상황이 조건이 되어 당연한 결과나 의지 등을 표현할 때 사용한다.

예 문

- 프로 선수들은 경기에 참가하는 이상 우승을 위해 노력해야 한다.
- 내가 범죄 현장을 목격한 이상 모르는 척하지 않을 것이다.
- 내가 선장인 이상 배와 함께 운명을 같이 하겠다.

연습 1 〈보기〉와 같이 대화를 완성하십시오.

〈보기〉

가 : 이 일을 잘 마무리 할 수 있을지 걱정이에요.

나 : 쉽지 않겠지만 네가 맡은 이상 끝까지 책임을 져야 해.

1. 가 : 이민을 결심하기가 쉽지 않았을 것 같은데요.

   나 : 그렇긴 하지만 이왕 ______________________

2. 가 : 이번에 제출한 입사 서류는 돌려주나요?

   나 : 죄송합니다. 저희 회사에 ______________________

3. 가 : 수업 시간에 맞춰서 도착할 수 있을까요?

   나 : 이렇게 계속 길이 ______________ 제 시간에 도착하기는 힘들겠어요.

4. 가 : 환경 파괴가 갈수록 심각해지는 상황입니다.

   나 : ______________ 환경 파괴는 계속될 수밖에 없습니다.

단어장

선장

연습 2 〈보기〉와 같이 상황에 따른 여러분의 생각을 써 보십시오.

상황	생각
〈보기〉 • 한국에서 살다	한국에서 사는 이상 조금 불편하더라도 한국 문화에 익숙해져야 한다.
• 재벌이 아니다	
• 학생이다	
• 결혼을 했다	
• ________________	

연습 3 다음을 사용하여 문장을 만들어 이야기해 보십시오.

- –(으)ㄴ/는 이상 –(으)ㄹ 수 없다
- –(으)ㄴ/는 이상 –아/어야 하다

단어장
재벌

26

요즘 신문에 기삿거리로 심심찮게 등장하는 용어가 '노블레스 오블리주'이다. 이 말은 프랑스어로 Noblesse(노블레스: 귀족, 명예), Oblige(오블리주: 의무)인데 '사회 고위층에게 요구되는 높은 수준의 도덕적 의무'를 말한다. 이 말의 진정한 의미는 부와 권력, 명성은 사회에 대한 책임과 함께해야 한다는 데에 있다.

이 말은 초기 로마시대에 왕과 귀족들이 보여 준 투철한 도덕의식과 공익정신에서 비롯되었다. 세계대전 당시 영국의 고위층 자녀가 다니던 이튼칼리지 출신 중 2,000여 명이 자진해서 참전하였던 일을 예로 들 수 있다. 그리고 포클랜드 전쟁 때는 영국 여왕의 아들인 앤드루 왕자가 헬기 조종사로 참전하여 국민들에게 모범이 되기도 하였다.

한국에도 '가진 자의 사회적 책임'을 실천한 사람이 많이 있다. 그 중에 김만덕(1739~1812)은 당시 여성으로서는 드물게 출신지인 제주도뿐만 아니라 전국적으로 알려진 인물이었다. 그녀가 살던 시대에는 제주 여성이 섬 밖으로 자유롭게 나갈 수 없었다. 그리고 그녀는 당시 아주 낮은 신분이었다. 하지만 그녀는 이 모든 불리한 상황을 극복해 내고 무역과 상업에 탁월한 능력을 발휘하여 큰 부자가 되었다. 이후 가뭄 등으로 나라가 어려움에 처했을 때 자신의 재산을 모두 사회에 환원하였다. 그녀는 10만 원권 지폐 인물의 후보로 거론되기도 할 만큼 현재까지도 많은 사람들의 존경을 받고 있는 인물이다.

혼자 사는 세상이 아닌 이상 사회적 책임은 '가진 자'에게만 해당되는 것은 아니다. 기업은 기업대로 기업 윤리를 지켜 사회에 이익이 되는 이윤 추구를 해야 할 것이고 정치인과 공무원들은 국민을 우선으로 법을 만들고 집행해야 할 것이다. 또한 언론은 진실 보도를 통해 국민의 알 권리를 충족시켜야 할 것이며 국민들 또한 국민으로서의 기본 의무를 다해야 할 것이다.

단어장

- 기삿거리
- 심심찮다
- 고위층
- 투철하다
- 공익
- 자진하다
- 참전하다
- 드물다
- 불리하다
- 환원하다
- 이윤
- 충족시키다

대답해 봅시다

1. '노블레스 오블리주'란 말의 어원과 의미를 정리해 봅시다.

어원	의미	실천한 사람

2. '사회적 책임'을 실천하는 방법에 대해 이야기해 봅시다.

	실천 방법
기업	
정치인	
언론	
국민	

이야기해 봅시다

1. 여러분 나라에서 노블레스 오블리주를 실천한 인물에 대해 조사해 봅시다.

인물	
배경	
실천한 일	

2. 위의 내용을 바탕으로 노블레스 오블리주를 실천한 인물에 대해 발표해 봅시다.

우리나라에도 사회적 책임을 실천한 인물이 많이 있다. 그 중에 ______________
____ 사람이다.

단어장

7과 어휘 확장

• 다음은 공동체 생활에 관련된 어휘입니다. 알맞은 단어를 골라 문장을 완성하십시오.

구호 | 복지 | 원조 | 봉사단원 | 단절되다

1. 한국은 1960년대까지 외국의 ______________ 의존하던 나라였다.
2. 이 바자회의 수익금은 전액 이재민의 ______________ 쓸 예정입니다.
3. 외국으로 떠나는 ______________ 충실히 활동에 임하겠다는 선서식을 했다.
4. 가족 간에 대화가 ______________ 것이 가정불화의 중요한 원인일 수 있다.
5. 우리 회사에서는 이직률을 낮추기 위해 사원 ______________ 과감한 투자를 하기로 하였다.

• 다음은 공동체 생활에 관련된 어휘입니다. 알맞은 단어를 골라 문장을 완성하십시오.

문제 | 잠재 | 직업 | 역사 | 위기 | + | 의식

1. 사람의 생명을 다루는 분야일수록 ______________ 요구된다.
2. 시민 단체에서는 ______________ 왜곡할 수 있는 교과서에 대한 승인 취소를 요구했다.
3. 사회의 부조리에 대한 ______________ 부족한 사람은 더 이상 기자라고 할 수 없다.
4. 술을 과하게 마시면 자기의 성격이나 ______________ 그대로 노출되기 쉽다.
5. 신문사들마다 1면에 '국가 파산', '경제 회복 불능' 등의 절망적인 기사를 실어 국민들에게 ______________ 심어 주었다.

단어장
바자회
수익금
이재민
선서식
가정불화
과감하다
왜곡하다
부조리
과하다
절망적
기사를 싣다

• 다음에서 알맞은 단어를 골라 문장을 완성하십시오.

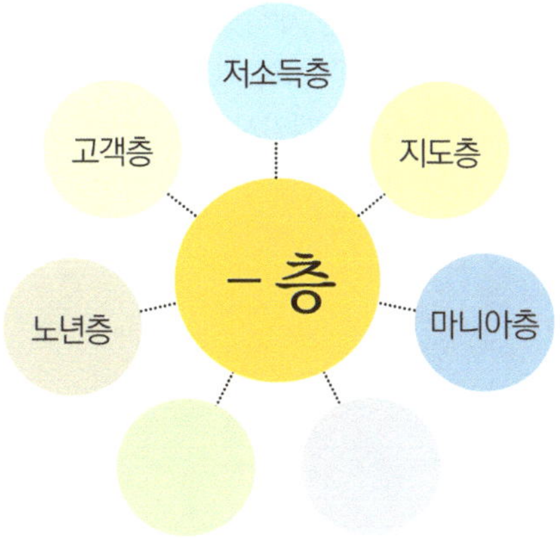

1. 선진국일수록 평균 수명이 길어 ___________ 비율이 높다.

2. 정부는 경제적인 어려움을 겪고 있는 ____________ 위한 복지정책 마련에 심혈을 기울이고 있다.

3. 국내에서는 액션피겨(action figure) 인형에 대한 인지도가 낮은 데 비해 미국, 일본 등에서는 이미 폭넓은 ____________ 형성하고 있다.

4. 이번 추석에는 연휴를 즐기려는 해외여행객이 많은데 그 가운데에는 골프를 치기 위해 항공권 예약을 끝낸 사회 ___________ 있는 것으로 알려졌다.

5. 맥주바켓(BARKET)은 마켓에서 쇼핑을 하듯 자유로운 분위기 속에서 맥주를 골라 마실 수 있는 바(bar)인데 요즘에는 20~30대뿐만 아니라 40~50대도 이용하고 있어 ___________ 두터워지고 있다.

단어장
두터워지다

6. ____

7. ____

7과 듣기

• 국제구호개발 NGO, 굿네이버스에 대한 소개입니다.

굿네이버스
Good Neighbors

• 기관소개 : 굶주림 없는 세상, 더불어 사는 세상을 만들기 위해 1991년 한국에서 설립되어 전세계 30여 개국에서 전문사회복지 사업과 국제구호개발사업을 실시하고 있다.
• 주요사업 : 국내복지사업, 해외구호개발사업, 해외아동 1:1결연, 정기후원, 기업후원
• 홈페이지 : www.goodneighbors.kr

◉ 다음을 듣고 물음에 답하십시오. 🎧 27

1. '수만이'에 대해 들은 것을 정리해 보십시오.

처한 상황	
하루 일과	
장래의 꿈	

2. '루카'에 대해 들은 것을 정리해 보십시오.

처한 상황	
하루 일과	
장래의 꿈	

3. 들은 내용과 같은 것을 고르십시오. (　　)
   ① 수만이는 슈퍼맨처럼 사람들을 도와주는 것이 꿈이다.
   ② 수만이는 소년 가장으로 가족의 생계를 책임지고 있다.
   ③ 루카는 다른 아이들처럼 학교에서 공부하고 싶어 한다.
   ④ 루카의 가족은 모두 도시로 이주하여 힘들게 살아가고 있다.

단어장
구호
굶주림
결연
투병(하다)
분주하다
투정
허기를 채우다
철없다
척척
일용직
고되다
눈길을 떼지 못하다
보건

이야기해 봅시다

- 여러분은 누구를 대상으로 어떤 후원을 하고 싶습니까?
  예) 결식아동, 소년 소녀 가장, 독거노인, 노숙자, 빈곤국 아동 등

후원 대상	
이유	
구체적인 후원 방법	

단어장

읽기

- 다음 그림을 보고 각각이 의미하는 것이 무엇인지 생각해 봅시다.

용광로 문화 대

샐러드볼 문화

◉ 다음 글을 읽고 물음에 답하십시오.

'틀림'이 아닌 '다름'

한국은 바야흐로 다문화 사회에 접어들었다. 이는 2000년대 이후 외국과의 교류가 더욱 활발해지면서 외국인 유학생 및 근로자 등 한국에 거주하는 외국인의 수가 폭발적으로 증가한 결과이다. 이러한 추세는 국제결혼으로도 이어져 다문화 가정의 수 또한 크게 증가했다. 최근 한국의 총인구가 감소하는 것과는 달리 한국에 거주하는 외국인의 수는 가파른 상승세를 보이고 있다.

한국이 다문화 사회로 진입하면서 경제적 이점과 문화적 풍부성 확대 등 여러 가지 긍정적인 영향이 나타나고 있다. 그러나 단기간에 다문화 사회로 변한만큼 그에 따른 문제점들도 대두되고 있다. 그중에서도 가장 중요한 문제는 언어와 문화의 차이에서 비롯된다. 먼저 언어적 측면을 보면 가족 내에서 서로 다른 언어를 사용함으로 말미암아 의사소통이 원활하게 이루어지지 않는 경우가 생긴다. 그뿐만 아니라 지역 사회에서도 사람들과의 소통에서 불편을 겪을 수 있다. 또한 직장에서 언어 장벽으로 인해 오해가 발생하거나 일을 하는 과정에 악영향을 미치기도 한다. 다음으로 문화 차이 때문에 발생하는 문제도 있다. 관습 등의 문화 차이로 인해 이주민과 한국인 사이에 오해나 갈등이 생기기도 한다. 게다가 언어와 문화 차이 때문에 이주민들이 사회적 차별이나 소외를 겪으며 한국 사회에 적응하는 데에 어려움을 느끼는 경우도 있다. 이러한 문제들을 해결하기 위해서 다양한 사회적 노력이 필요하다.

국가적 차원에서는 현재 언어 교육 및 상담 프로그램을 지원하고 이주민들을 위한 맞춤형 정책을 시행하고 있다. 2008년부터 다문화 가정과 관련된 법이 제정되면서 이를 바탕으로 다양한 지원을 위한 법과 제도를 마련해 왔다. 특히 이주민이 한국 생활에 적응할 수 있도록 돕는 여러 가지 프로그램과 다문화 가정의 자녀를 위한 한국어 교육 및 상담 프로그램도 지원하고 있다. 이렇듯 한국 사회는 여러 제도를 통해 다문화 사회에서 발생하는 문제들을 해결하려는 노력을 하고 있다.

그러나 결국 진정한 다문화 사회가 되기 위해서는 제도적 지원뿐만 아니라 우리 사회 구성원들의 인식 개선도 이루어져야 한다. 단순히 어려움을 해결하는 것을 넘어 서로 다른 가치관과 문화적 배경에 대해 열린 태도를 갖고 삶의 방식의 다름을 인정하며 서로 존중하는 자세가 필요하다. 한국 사회 구성원들이 교육 기관 및 지역 사회와 미디어를 통해 다름을 긍정적으로 경험할 수 있다면, 이주민들이 보다 안정적으로 한국 사회에 뿌리내릴 수 있을 것이다. 이처럼 모두가 함께 노력할 때 한국 사회는 성숙한 다문화 사회로 성장하며 진정한 사회 통합을 이룰 수 있을 것이다.

단어장

교류(하다)
가파르다
상승세
진입하다
풍부성
원활하다
장벽
이주민
맞춤형
정책
구성원
안정적
뿌리내리다
사회 통합

1. 각 문단의 내용을 정리해 보십시오.

문단	주요 내용	세부 내용
1		
2		
3		
4		

2. 필자의 태도로 가장 알맞은 것을 고르십시오. (   )

① 다문화 사회가 생성된 원인을 설명하고 있다.
② 다문화 사회로의 급격한 변화를 우려하고 있다.
③ 다문화 사회의 문제점과 해결 방법을 제시하고 있다.
④ 다문화 사회가 가져올 긍정적 영향을 기대하고 있다.

3. 이 글의 내용과 같은 것을 고르십시오. (   )

① 한국인과 이주민의 인구는 같은 비율로 감소하고 있다.
② 이주민의 적응을 위한 다양한 프로그램이 시행되고 있다.
③ 다문화 가정의 문제점 해결을 위한 법의 제정을 계획하고 있다.
④ 한국 사회는 오랜 시간에 걸쳐 다문화 사회로 변화하게 되었다.

단어장

이야기해 봅시다

• 다른 나라의 다문화 정책 사례를 찾아서 이야기해 봅시다.

국가	
구체적인 정책 내용	
효율성이나 문제점	

◉ 다른 나라의 다문화 정책에 대한 글을 써 보십시오.

처음	________의 다문화 사회 현황	
가운데	구체적인 정책 내용	
	효율성이나 문제점	
끝	마무리 및 정리	

▶ 위의 글을 원고지에 써 보십시오.

7과 속담과 관용어

속담 · 관용표현

28

가 : 엄마, 옆 동에 119 구급차가 와 있던데 무슨 일인지 알아요?
나 : 아, 옆 동에 혼자 살고 계시던 할아버지가 쓰러지셨대.
가 : 그런데 아무도 없었는데 어떻게 119에 신고한 거예요?
나 : 평소 그 할아버지를 친아버지처럼 돌보시던 옆집 아주머니가 반찬을 만들어서 가지고 가셨다가 발견했다나 봐.
가 : 와, 역시 멀리 있는 친척보다 가까운 이웃이 낫다더니 큰일 날 뻔한 일을 이웃 사람 덕분에 막았네요.
나 : 우리 아들이 말하는 게 아주 어른스럽네.
가 : 저도 이제부터 주위에 독거노인들이 있는지 한번 살펴보고 도와 드려야겠어요. 백지장도 맞들면 낫다는 말도 있잖아요.

◉ 위 대화 속의 속담의 의미를 생각해 보고 친구와 대화를 만들어 봅시다.

관용어

귀가 얇다	남의 말을 쉽게 받아들이다
귀를 기울이다	남의 이야기나 의견에 관심을 가지다

1. 가 : 민수야, 휴대폰을 또 바꿨니?
   나 : 응. 이 휴대폰이 기능이 좋다고 해서…….
   가 : 넌 ____________________ 큰일이다. 좋다고만 하면 다 사니.
   나 : 너도 그 판매원의 얘기를 들었으면 샀을걸.

2. 가 : 선배, 우리 주말에 몇 시에 만나기로 했어요?
   나 : 조금 전에 말했는데……. 2시에 만나기로 했잖아.
   가 : 그런데……. 어디에서 만나기로 했죠?
   나 :남의 말에 ______________________

배추의 마음

나희덕 (1966~)

배추에게도 마음이 있나 보다.
씨앗 뿌리고 농약 없이 키우려니
하도 자라지 않아
가을이 되어도 헛일일 것 같더니
여름내 밭둑 지나며 잊지 않았던 말
- 나는 너희로 하여 기쁠 것 같아.
- 잘 자라 기쁠 것 같아.

늦가을 배추포기 묶어주며 보니
그래도 튼실하게 자라 속이 꽤 찼다.
- 혹시 배추벌레 한 마리
이 속에 갇혀 나오지 못하면 어떡하지?
꼭 동여매지도 못하는 사람 마음이나
배추벌레에게 반 넘어 먹히고도
속은 점점 순결한 잎으로 차오르는
배추의 마음이 뭐가 다를까.
배추 풀물이 사람 소매에도 들었나 보다.

8과 환경과 생태계

학습목표

| **대화** 생태계 파괴
| **읽고 말하기** 환경보존과 개발

| **듣기** 멸종 위기 동물
| **읽기** 생태 통로
| **쓰기** 동물과 인간의 공존

| **문학 나들이** 이제 이 땅은 썩어만 가고 있는 것이 아니다 (신경림)

| **문법과 표현1** -는가 하면
| **문법과 표현2** -(으)ㄹ 리 만무하다

| **속담과 관용어**
어깨가 무겁다
소귀에 경 읽기
발등에 불이 떨어지다 / 발 뻗고 자다

대화 생태계 파괴

29

꾸 언 : 농촌체험활동을 가서 정말 큰 개구리를 봤는데 어찌나 큰지 깜짝 놀랐어.

민 지 : 아, 황소개구리를 봤나 보구나. 그건 한국의 토종 개구리가 아니라 식용으로 키우려고 들여온 외래종이야. 황소개구리는 같은 개구리는 물론이고 천적인 뱀도 잡아먹는 동물인 데다가 번식력도 강하대. 요즘 생태계 균형을 깨고 있어서 골칫거리가 되고 있지.

꾸 언 : 크기만 큰 줄 알았는데 정말 무서운 개구리였네.

민 지 : 물고기 중에도 큰입배스라는 외래종이 있는데 원래는 식용으로 들여왔대. 그런데 먹성이 좋아서 크기가 작은 토종 물고기를 잡아먹는데다가 천적도 없어서 그 수가 계속 늘어나고 있다고 해.

꾸 언 : 아, 나도 뉴스에서 그런 내용 본 적 있어. 예전에 한국의 농가에서 모피를 생산하려고 뉴트리아라는 동물을 수입했다나 봐. 그런데 이 모피 생산이 중단되면서 농가에서 키우던 뉴트리아들을 방사했대. 방사된 뉴트리아들이 다른 농가를 침입해서 농작물을 마구 먹기도 하고 농장을 망쳐 놓아서 피해가 컸다고 하더라고.

민 지 : 이렇게 생태계 균형을 깨는 생물들은 정부차원에서 법으로 번식을 규제하고 있어.

꾸 언 : 외래종을 무분별하게 들여오는 것이 이렇게 심각한 문제를 야기할 수 있다는 것을 이번에 제대로 알았어.

민 지 : 그런데 단순히 피해 사례만 보면 문제의 원인이 이런 외래종에게만 있는 것 같지만 사실은 그렇지 않아. 생태계 파괴는 인간의 욕심이 만들어낸 결과가 아닐까?

단어장

생태계
토종
식용
외래종
번식력
골칫거리
먹성이 좋다
중단되다
농가
방사하다
침입하다
망치다
차원
규제하다

대답해 봅시다

1. 생태계의 균형을 깨는 동물들은 어떤 것이 있습니까?

2. 외래종이 유입된 이유는 무엇이며 그 결과는 어떻습니까?

이야기해 봅시다

1. 생태계를 파괴하는 것에는 또 어떤 것이 있습니까?

2. 생태계를 보호하기 위해 우리가 할 수 있는 일에는 무엇이 있습니까?

생태계 보호를 위해 우리가 할 일
• • •

단어장

8과 문법과 표현 1

–는가 하면

어떤 일이나 상태가 한 부분뿐만 아니라 다른 부분도 있음을 나타낼 때 사용한다.

예 문

- 살다 보면 좋은 일이 있는가 하면 힘든 일도 있는 법이다.
- 생태계 교란종 식물들은 번식력이 강한가 하면 다른 식물의 성장을 방해하기도 한다.
- 지구 온난화는 해양 생태계 변화에 있어서 부정적인가 하면 긍정적이기도 하다.

연습 1 〈보기〉와 같이 문장을 완성하십시오.

〈보기〉

㉠ 뇌졸중 위험을 감소시킴
㉡ 변비에도 탁월한 효과가 있음

➡ 양파는 뇌졸중 위험을 감소시키는가 하면 변비에도 탁월한 효과가 있다.

1. 

㉠ 갑자기 모든 일에 짜증을 냄
㉡ 아무것도 하기 싫어함

➡ 사춘기의 청소년들은 ____________
____

2. 

㉠ 매워서 혀가 얼얼함
㉡ 속이 시원함

➡ 고추장 칼국수는 ____________
____

3. 

㉠ 새로운 장소에 대한 기대감을 줌
㉡ ____________

➡ 배낭여행은 ____________
____

4. 

㉠ ____________
㉡ ____________

➡ 어머니는 저에게 ____________
____

단어장
뇌졸중
사춘기
얼얼하다

연습 2 〈보기〉처럼 영화, 책, 여행지를 추천하는 글을 써 보십시오.

〈보기〉

- 소개할 영화 : 아바타
- 추천 이유

1. 뛰어난 특수효과 기술로 아름다운 영상미를 보여준다.
2. 과학의 발전 속에서도 변하지 않는 인간의 근본적인 감정인 사랑이 있다는 것을 보여 준다.
3. 미래의 에너지 문제, 생명 가치에 관한 여러 문제를 제기한다.

➡ 이 영화는 뛰어난 특수효과 기술로 아름다운 영상미를 보여주는가 하면 과학의 발전 속에서도 변하지 않는 인간의 근본적인 감정인 사랑이 있다는 것을 보여주기도 한다. 그런가 하면 미래의 에너지 문제, 생명 가치에 관한 여러 문제를 제기하기도 한다.

- 소개 대상 : ____________________
- 추천 이유

1.

2.

3.

단어장
영상미
근본적
제기하다

연습 3 다음을 사용하여 문장을 만들어 이야기해 보십시오.

- -(으)ㄴ/는가 하면 -기도 하다
- -(으)ㄴ/는가 하면 -는 법이다

문법과 표현 2

-(으)ㄹ 리 만무하다

일어날 가능성이 없거나 믿기 힘든 상황을 나타낼 때 사용한다.

※ '-(으)ㄹ 리가 없다'

예 문

- 우리가 환경과 자연에 대한 관심을 기울이지 않는 한 생태계가 보존될 리 만무하다.
- 건국 신화에서처럼 곰이 변하여 사람이 될 리 만무하지만 이것을 통해 곰을 숭배하던 민족의 정신을 알 수 있다.
- 인생을 어떻게 살아야 하는지에 대한 답이 한 가지일 리는 만무하다.

연습 1 〈보기〉처럼 다음 대화를 완성하십시오.

〈보기〉

가 : 일을 즐기는 사람들은 공통적으로 충분한 휴식이 중요하다고 해요.

나 : 그렇죠. 잘 쉬지 못한 사람이 일을 잘할 리 만무하잖아요.

1. 가 : 부모가 되어야 부모님 마음을 알 수 있다고 하잖아요.

   나 : 그렇죠. 우리가 부모가 되지 않고서는 ____________________

2. 가 : 병역 기피 현상이 계속되고 있는데 해결 방법이 있나요?

   나 : 글쎄요. 구체적인 방안이 마련되지 않는 한 ____________________

3. 가 : 이 시는 이웃사랑과 세계평화의 관계에 대해서 말해 주고 있군요.

   나 : 네. 이웃을 사랑하지 않는다면 ____________________

4. 가 : 홍보부 김대리 어때? 정말 멋있어. 그런 남자와 사귀어 보고 싶다.

   나 : 꿈 깨. 그런 남자가 아직 ____________________

단어장

숭배하다

병역

연습 2 다음 〈보기〉처럼 연애의 4단계를 정리해 보십시오.

〈1단계 고독기〉 백마 탄 왕자님을 기다리는 여러분. 백마 탄 왕자님을 만날 확률, 0.003%, 나를 좋아해 줄 확률 0.000%! 연애에 대한 환상, 이상형에 대한 환상! 환상을 깨고 현실을 보십시오.	〈보기〉 ➡ 백마 탄 왕자님을 만날 리 없고요, 백마 탄 왕자님이 나를 좋아해 줄 리 만무합니다. 환상을 깨십시오.
〈2단계 유혹기〉 우연을 가장한 필연을 만들어 내십시오. 그렇게 노력하지 않고 가만히 있으면 어떤 운명적인 만남도 일어나지 않을 것입니다.	➡
〈3단계 흥분기〉 세상은 온통 핑크빛. 이 시기에 대화를 통해 서로에 대해 더 많이 알아 가십시오. 대화하지 않는다면 서로의 진짜 모습을 알 수가 없을 것입니다.	➡
〈4단계 적응기〉 서로가 다른 환경에서 살았다는 것을 받아들이고 인정하십시오. 그러면 화를 내거나 싸울 일이 생기지 않을 것입니다.	➡

단어장

백마
환상
필연
운명

연습 3 다음을 사용하여 문장을 만들어 이야기해 보십시오.

- -다면 -(으)ㄹ 리 만무하다
- -는 한 -(으)ㄹ 리 만무하다

30

정부에서는 2008년 하반기부터 한국형 녹색 뉴딜 사업 즉, 4대강 사업을 실시한다고 발표했다. 4대강은 한강, 낙동강, 금강, 영산강을 말한다. 이 사업은 이 강들의 노후된 제방을 보강하고 댐 및 홍수 조절지를 건설하는 것을 주목적으로 추진되었다.

이러한 사업을 실시한다는 뉴스를 보고 환경 운동가로 유명한 지율스님은 물길을 따라 걸으며 무너져가는 강의 변화를 카메라에 담기 시작했다. 지율스님은 감독, 촬영, 편집의 1인 3역으로 다큐멘터리 '모래가 흐르는 강'을 만들기로 했다. 스님은 이 영화를 찍어야겠다고 마음먹은 이유를 '개발로 인한 환경 파괴의 심각성을 알리고 싶어 무작정 길을 나섰다'고 밝혔다.

지율 스님과 같은 환경 운동가들은 이 사업이 홍수 및 가뭄 문제 해결에 도움이 된다는 것도 의문이며 물길의 흐름을 막아 수질 오염을 심화시킬 수 있다고 하였다. 또한 4대강 주변 동식물의 서식지가 파괴되어 멸종 위기종이 사라질 수 있다며 우려의 목소리를 내고 있다.

그러나 이러한 환경근본주의자가 있는가 하면 개발의 필요성에 목소리를 높이는 개발지상주의자도 있다. 4대강 사업 실시를 주장하는 이들은 환경 영향 평가의 결과를 근거로 강의 수질이 악화될 리 만무하며 오히려 수질이 개선될 것이라고 주장했다. 또한 그들은 환경 운동가들에 의해 공사가 중단되면 그때마다 환경 영향 평가가 새로 실시되어야 하고 그에 대한 경제적 부담 및 공사의 지연으로 인한 피해는 고스란히 국민에게 돌아간다고 말한다. 이들은 지율스님처럼 감성의 언어로 호소하기 보다는 과학적인 환경 영향 평가를 통해 내려진 결론을 인정해야 한다며 공사가 계속되어야 한다고 주장했다.

단어장

- 노후
- 제방
- 보강(하다)
- 주목적
- 편집
- 무작정
- 서식지
- 멸종 위기종

대답해 봅시다

1. 지율스님이 환경 보존의 필요성을 알리기 위해 한 일은 무엇이었습니까?

2. '4대강 사업'에 대한 상반된 두 주장을 정리해 봅시다.

환경근본주의자	개발지상주의자

이야기해 봅시다

1. 환경이 파괴되었거나 파괴되고 있는 예를 말해 봅시다.

2. 개발과 환경 보존에 대한 자신의 생각을 정리해 봅시다.

나의 생각
• • •

3. 위의 내용을 바탕으로 개발과 환경 보존에 대해 자신의 생각을 발표해 봅시다.

나는 ____________________고 생각한다. 왜냐하면 ____________________

____기

때문이다.

단어장

8과 어휘 확장

• 다음은 생태계 관련 어휘입니다. 관련 있는 것끼리 연결하십시오.

1. 조류 •	• 새끼를 낳아 젖을 먹여 기르는 동물
2. 어류 •	• 하늘을 날 수 있는 척추동물
3. 포유류 •	• 수중 생활을 하는 척추동물
4. 파충류 •	• 주변 온도에 따라 체온이 변하는 동물
5. 양서류 •	• 어류와 파충류의 중간 동물

• 다음에서 알맞은 단어를 골라 대화를 완성하십시오.

밀렵 　 멸종 위기 　 번식 　 감염되다 　 퇴치하다 　 폐사하다

1. 각종 공해 때문에 많은 자연 생물이 ____________ 맞고 있다.

2. 수혈 중에 에이즈에 ____________ 피해자가 병원을 상대로 소송을 냈다.

3. 해충을 ____________ 지난해에 나무마다 소독을 했더니 올해에는 별 탈이 없다.

4. 갑작스럽게 발병한 질병으로 이 지역의 소, 돼지를 비롯한 가축들이 집단으로 ____________

5. 조류의 수컷이 예쁜 이유는 ____________ 위해 암컷을 가까이 유인하기 위해서이다.

6. 몸에 좋다면 천연기념물이라도 먹겠다는 사람들이 있는 한 경찰의 단속만으로는 ____________ 사라지기 힘들 것이다.

단어장

새끼
젖
척추
수중
수혈
에이즈
소송
소독하다
탈이 없다
가축
수컷
암컷
유인하다
천연기념물

• 다음에서 알맞은 단어를 골라 문장을 완성하십시오.

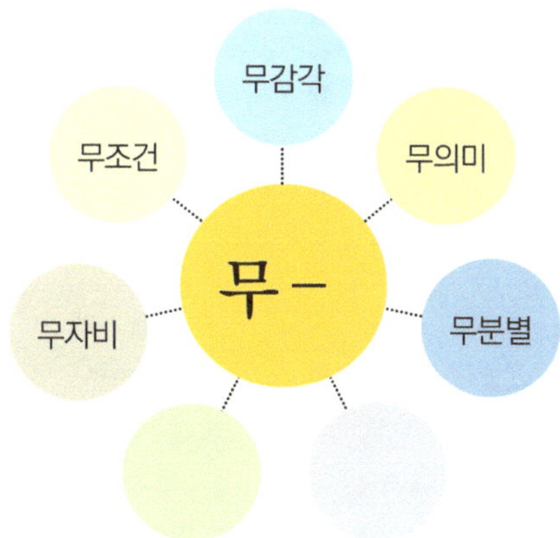

1. 사춘기에는 세상의 모든 것이 귀찮고 __________ 느껴지기도 한다.

2. 비판 없이 __________ 외국 문화만을 선호하는 것은 바람직하지 않다.

3. 그 인권 운동가는 정부의 __________ 인권 탄압에 항의하는 의미로 당분간 금식을 선언했다.

4. 대부분의 사람은 자신이 직접적인 피해를 입지 않는 한 환경오염의 심각성에 __________

5. 그 영화는 __________ 개발로 무너져 버리는 자연의 모습을 담고 있다.

6. ____

7. ____

단어장
탄압
금식
선언하다

8과 듣기

• 다음 광고가 의미하는 것은 무엇인지 이야기해 보십시오.

※ 깐느 2011 해외공익광고수상작

◉ 다음을 듣고 물음에 답하십시오. 🎧 31

1. 멸종 위기 상황에 대해 듣고 빈 칸을 채우십시오.

지금 지구상에는 무분별한 개발과 ____________으로 해마다 수 만종의 생물이 사라지고 있다. 특히 양서류의 _______, 포유류의 _______, 조류의 ________이 멸종 위기라고 한다.

2. 반달가슴곰과 시베리아 호랑이에 대해 내용을 정리해 보십시오.

반달가슴곰의 야생 적응 과정	
시베리아 호랑이가 멸종 위기에 처한 원인	

3. 들은 내용과 같은 것을 고르십시오. (   )

① 한국의 일부 지역에서 야생 늑대가 서식하고 있다.
② 멸종 위기의 비율이 가장 높은 것은 조류로 나타났다.
③ 지리산으로 방사되었던 반달가슴곰들은 야생에서는 생존하지 못했다.
④ 생존해 있는 시베리아 호랑이 중 절반 정도는 동물원에서 사육되고 있다.

단어장
남획
증식시키다
출산(하다)
먹잇감
힘겹다
홀로서기
자생하다
남짓
추정하다
사육되다
밀렵하다
까마득하다

이야기해 봅시다

1. 여러분은 멸종 위기 동물을 어떻게 보호하는 것이 올바른 방법이라고 생각합니까? 야생이 좋을지, 보호 시설이 좋을지 토론해 봅시다.

2. 자신과 상대방의 의견(근거와 반론)을 정리해서 써 보십시오.

	야생의 자연에서	동물 보호 시설에서
근거	• • •	• • •
반론		
반박		

단어장

8과 읽기

• 여러분은 '생태 통로'에 대해 알고 있습니까? 다음 그림을 보고 이야기해 봅시다.

◉ 다음 글을 읽고 물음에 답하십시오.

우리도 길을 건널 권리가 있다

매년 전국에서는 30만 마리 이상의 야생 동물이 로드킬로 목숨을 잃는다. 로드킬이란 동물이 도로에 나왔다가 자동차 등에 치여 사망하는 것을 말한다. 동물의 종류로는 노루, 고라니 등의 야생 동물에서 개나 고양이와 같은 반려 동물까지 다양하다.

로드킬이 발생하는 원인은 여러 가지가 있는데 가장 큰 이유로 무분별한 도로 건설과 산림 훼손을 들 수 있다. 도로 건설로 서식지가 끊기거나 산림 훼손으로 기존의 서식지가 없어지면 야생 동물은 새로운 서식지를 찾아 길을 떠난다. 이때 자동차가 다니는 도로를 건너야 하는 일이 많은데 이 과정에서 야생 동물들이 로드킬을 많이 당하게 된다. 로드킬은 야생 동물뿐만 아니라 사람에게도 큰 피해를 준다. 고라니처럼 몸집이 큰 동물은 사고가 났을 때 운전자에게 치명적인 위험을 줄 수 있기 때문이다.

로드킬을 방지하기 위해서는 차량의 흐름을 방해하지 않으면서 야생 동물의 자유로운 이동을 보장하는 생태 통로가 필수다. 생태 통로란 도로나 댐 등으로 인하여 야생 동물의 서식지가 훼손 또는 파괴되었을 때 야생 동물의 이동을 돕기 위해서 인공적으로 설치한 생태적 공간을 말한다. 생태 통로는 육교처럼 도로 위에 만들기도 하고 터널과 같이 산이나 도로 밑에 만들기도 한다. 이러한 생태 통로가 있으면 야생 동물들이 굳이 위험한 도로를 건널 필요가 없기 때문에 로드킬을 막을 수 있고 운전자들도 도로에서의 돌발 사태를 걱정하지 않아도 된다. 다람쥐나 고슴도치와 같은 작은 동물은 물론이고 멧돼지, 고라니 등과 같은 큰 동물에 이르기까지 다양한 야생 동물이 이 생태 통로를 이용한다. 특히 사냥감을 물고 가거나 먹잇감을 찾아 이동하는 동물이 발견되면서 생태 통로가 단순한 이동 통로의 역할뿐만 아니라 먹이 활동을 위한 생태 공간으로서의 기능도 한다는 것을 알 수 있다.

생태 통로는 인간 때문에 희생되는 동물들을 위한 최소한의 양심이다. 인간은 도로를 만들기에 앞서 생태 통로를 만들어야 하며 만들어진 생태 통로가 제 기능을 다할 수 있도록 유지 및 관리에도 신경을 써야 한다.

단어장

치이다
통로
산림
몸집
치명적
인공적
굳이
돌발 사태
사냥감
희생되다
양심

1. 각 문단의 내용을 정리해 보십시오.

문단	주요 내용	세부 내용
1		
2		
3		
4		

2. 필자가 이 글을 쓴 목적을 고르십시오. (　　)
   ① 로드킬이 감소하는 현상을 분석하기 위해
   ② 생태 통로가 설치된 현황을 나라별로 비교하기 위해
   ③ 전문가의 말을 인용하여 로드킬 방지법을 설명하기 위해
   ④ 로드킬의 발생 원인과 생태 통로의 필요성을 알리기 위해

3. 이 글의 내용과 다른 것을 고르십시오. (　　)
   ① 먹이를 찾으려는 동물들이 생태 통로를 이용한다.
   ② 생태 통로는 야생 동물과 사람 모두를 위해서 필요하다.
   ③ 무분별한 산림 훼손으로 야생 동물의 서식지가 줄어들고 있다.
   ④ 매년 많은 운전자들이 야생 동물과의 사고로 목숨을 잃고 있다.

단어장

이야기해 봅시다

- 자연에서 인간과 동물이 공존할 수 있는 방법은 무엇입니까? 구체적인 방법에 대해서 이야기해 봅시다.

방법	구체적인 내용

8과 쓰기

◉ 자연에서 인간과 동물이 공존할 수 있는 방법에 대해 자신의 생각을 쓰십시오.

처음	생태계 파괴 현황 및 사례	
가운데	인간과 동물의 공존 이유	
	공존을 위한 구체적인 방법	
끝	마무리 및 정리	

▶ 위의 글을 원고지에 써 보십시오.

8과 속담과 관용어

속담 · 관용표현

32

가 : 신문에 무슨 기사가 났길래 표정이 그렇게 심각하니?

나 : 응. 여기 좀 봐. '현재 우리가 살고 있는 지구는 우리의 것이 아니라 후손에게 빌려 쓰고 있는 것이다.'

가 : 환경을 보호하자는 의미의 말이지? 현대인들이 너무 무분별하게 환경을 오염시키고 있는 건 사실이야.

나 : 그래. 환경을 보호하고 자연을 훼손하지 않는 것이 인류의 생존을 위한 일인 만큼 우리의 어깨가 무거워.

가 : 맞아. 대중매체에서 경고할 만큼 환경오염이 심각한데도 어떤 몰지각한 사람들에게는 환경 보호라는 말이 소귀에 경 읽기니 큰일이야.

나 : 나는 우리 아들, 딸에게 깨끗한 지구를 물려줄 수 있도록 환경 보호에 힘쓸 거야.

◉ 위 대화 속의 속담의 의미를 생각해 보고 친구와 대화를 만들어 봅시다.

관용어

발등에 불이 떨어지다	일 등이 몹시 급하게 되다
발 뻗고 자다	곤란한 일이 없어져 마음을 놓거나 편안해지다

1. 가 : 새벽 2시가 넘었는데 안 자고 뭐하니?
   나 : 내일이 시험이라서 공부하고 있어요.
   가 : 잠도 안 자고 공부하는 걸 보니 ______________________
   나 : 앞으로는 미리미리 해야겠어요.

2. 가 : 무슨 좋은 일 있어요? 얼굴이 밝네요.
   나 : 그동안 고민이 있었는데 해결이 됐거든요.
   가 : 그래요? 무슨 일인지는 모르지만 축하해요.
   나 : 매일 잠을 못 잤는데 이제 ______________________

이제 이 땅은 썩어만 가고 있는 것이 아니다

신경림 (1936~)

봄이 되어도 꽃이 붉지를 않고
비를 맞고도 풀이 싱싱하지를 않다.

(중략)

한낮인데도 사방은 저녁 어스름처럼 어둡고
골목에는 고추잠자리 한 마리 없다.
바람에서도 화약 냄새가 난다.
종소리에서도 가스 냄새가 난다.

(중략)

이제 이 땅은 썩어만 가고 있는 것이 아니다.
이제 이 지구는 죽어만 가고 있는 것이 아니다.
내 땅 내 나라, 아니 온 세계가 이제
단숨에 흔적도 없이 날아가 버릴
마침내 그 벼랑에까지 와 서 있다.

9과 문화재와 보존

학습목표

| 대화 무영탑의 전설
| 읽고 말하기 문화재 보존

| 듣기 세계기록문화유산과 인물
| 읽기 수원 화성
| 쓰기 유네스코 등재 세계문화유산

| 문학 나들이 한산섬 달 밝은 밤에 (이순신)

| 문법과 표현 1 -(으)ㄹ 법하다
| 문법과 표현 2 -(으)ㄴ 끝에

| 속담과 관용어
엎어지면 코 닿을 데
함흥차사
코웃음을 치다 / 코가 납작해지다

대화 무영탑의 전설

33

소피아 : 와, 불국사에 오는 거 참 오랜만이다. 지난번에 왔을 때는 친구들과 사진 찍기 바빴는데 이번에는 자세히 보고 가야지.

동 우 : 그래. 천천히 잘 보고 가자.

소피아 : 어, 그런데 저 탑은 어디서 많이 봤는데…….

동 우 : 아! 그건 다보탑인데 십 원짜리 동전에 있잖아. 그 옆에 있는 탑은 석가탑이고.

소피아 : 다른 절에는 탑이 하나던데 여기는 탑이 두 개나 있고 게다가 모양이 전혀 다른데도 어색하지 않고 서로 잘 어울리네.

동 우 : 저 무영탑에 유명한 전설이 있는데 얘기해 줄까?

소피아 : 무영탑이라고? 방금 석가탑이라고 하지 않았어?

동 우 : 응. 무영탑이라고도 해. 불국사의 창건자는 최고의 석탑을 만들고 싶어서 이웃나라에서 뛰어난 석공을 데리고 왔대. 그런데 착공한 지 3년이 지나도 탑은 완성되지 않았어. 기다리다 못한 석공의 아내가 남편을 찾아 여기까지 왔는데 탑이 완성되기 전에는 여자를 만날 수 없다는 금기 때문에 아내는 남편을 만날 수 없었어. 늘 절 앞을 서성이기만 했지. 이걸 보고 안타까워한 스님이 지성으로 기도하면 공사가 끝났을 때 사찰 앞 연못에서 탑의 그림자를 볼 수 있을 거라고 했어.

소피아 : 그래서? 만났어?

동 우 : 아니. 아내는 연못에 탑의 그림자가 나타나기를 기다렸지만 끝내 보이지 않아서 상심하여 연못에 몸을 던져 죽고 말았어. 남편은 탑을 완성한 후에 아내가 기다린다는 연못으로 갔지만 아내를 만날 수 없었지. 그래서 사람들이 그림자가 없는 탑이라고 해서 무영탑이라고 부르게 되었대.

소피아 : 정말 슬픈 이야기네. 전설을 듣고 보니까 석가탑이 더 특별하게 보이는 것 같아.

단어장

탑
창건자
석공
착공하다
금기
서성이다
지성
기도하다
사찰
연못
상심하다

대답해 봅시다

1. 소피아는 두 탑에서 어떤 인상을 받았습니까?

2. 무영탑과 관련된 전설은 무엇입니까?

이야기해 봅시다

1. 여러분이 알고 있는 세계 문화유산(유적지나 유물)이 있습니까?

유적지나 유물	특징

단어장

2. 유물이나 유적지와 관련된 이야기나 전설에 대해 알고 있습니까?

9과 문법과 표현 1

-(으)ㄴ 끝에

어떤 일을 길고 힘들게 진행한 후 다음 일이 겨우 일어났음을 나타낸다.

예 문

- 전문가들과 긴 이야기를 나눈 끝에 해결책을 찾아냈다.
- 생각하고 생각한 끝에 재산을 모두 기부하기로 결정했어요.
- 고생 끝에 낙이 온다.

연습 1 〈보기〉와 같이 대화를 완성하십시오.

〈보기〉

가 : 이 소설에서 어린 주인공이 전쟁 중에 헤어진 어머니를 찾아 떠나는데 결과가 어떻게 되죠?

나 : 주인공은 죽을 뻔한 고비를 넘기며 천신만고 끝에 어머니를 만나요.

1. 가 : 이직하기로 했다면서요? 신중하게 결정했어요?

   나 : 네. 오랜 시간 ______________ 내린 결정이에요.

2. 가 : 이 사진 정말 멋지네요. 이렇게 역동적인 장면을 어떻게 찍으셨어요?

   나 : ______________ 순간을 포착해서 찍을 수 있었어요.

3. 가 : 당뇨병 치료에 탁월한 신약이 개발되었다면서요?

   나 : 네. 5년이 넘는 기간 동안 ______________ 개발에 성공했대요.

4. 가 : 판소리를 하는 사람들의 목소리는 쉽게 낼 수 있는 게 아니잖아.

   나 : 그렇지. 폭포 밑에서 소리를 지르는 연습을 하는 등 ______________ 얻을 수 있대.

단어장

고비
천신만고
역동적
순간
포착하다
판소리
폭포
소리를 지르다

연습 2 〈보기〉와 같이 위인의 업적을 써 보십시오.

위인	업적
〈보기〉 • 에디슨	에디슨은 2,000번이나 실패하고도 계속 도전한 끝에 백열전구를 발명했다.

단어장

백열전구

연습 3 다음을 사용하여 문장을 만들어 이야기해 보십시오.

- -끝에 -(으)ㄹ 수 있었다
- -(으)ㄴ 끝에 (드디어/마침내) -아/어 내다

–(으)ㄹ 법하다

어떤 상황에 대한 결과가 당연히 일어나거나 당연한 이유가 있다고 판단할 때 사용한다.

예 문

- 이 영화는 미래에 일어날 법한 이야기로 관객들의 호응을 이끌어 내고 있다.
- 일주일이나 약을 먹었으면 나을 법도 한데 아직 차도가 없네요.
- 야근을 밥 먹듯이 하면 힘들 법도 한데 언제나 표정이 밝네요.

연습 1 〈보기〉와 같이 대화를 완성하십시오.

〈보기〉

가 : 김 대리가 간이 많이 안 좋다더라고.

나 : 그렇게 술을 마셔대니 탈이 날 법도 하지요.

1. 가 : 석가탑을 만들기 시작한 지 벌써 3년이 지났어.

   나 : 3년이 지났으면 석가탑이 ________________ 아직 연못에 그림자가 안 보여.

2. 가 : 두 사람이 일 때문에 자주 만나더니 지난달부터 사귀기로 했대요.

   나 : 그래요? 아무래도 자주 만나다보면 ________________________

3. 가 : 이 영화는 특별한 사랑 이야기도 아닌 것 같은데 인기를 끄는 이유가 뭘까?

   나 : 이 영화의 성공 요인은 공감인 것 같아. 한 번쯤은 누구나 __________ 그런 이야기지.

4. 가 : 면접에서 면접관들이 반드시 ______________ 항목은 뭘까요?

   나 : 면접에서는 지원동기를 반드시 물어보는 것 같아요.

단어장

차도

연습 2 인터넷에 다음과 같은 고민 상담이 올라와 있습니다.
댓글을 달아보십시오.

고민1〉 짝사랑 여
저는 초등학교 때부터 알던 남자 친구가 어느 날 남자로 보이면서 그를 좋아하게 되었어요.
제가 자주 연락도 하면서 제 마음을 여러 번 표현했는데도 그 친구는 반응이 없어요.
어떻게 해야 합니까?

ID : 곰탱이
↳ 그 친구가 눈치 챌 법도 한데 반응이 없다니 정말 곰인가 보네요. 아예 고백해 버리세요.

고민2〉 소심남
제가 친구와 작은 일로 다퉜어요. 제가 몇 번이나 사과를 했는데 제 사과를 받지 않네요.
어떻게 하면 좋을까요?

ID : ____________

↳

고민3〉 축구사랑
저는 10년 차 후보 축구 선수입니다. 부모님께서는 더 늦기 전에 다른 직업을 찾으라고 하십니다. 하지만 저는 축구를 포기하고 싶지 않습니다. 어떻게 해야 할지 모르겠습니다.

ID : ____________

↳

단어장
후보

연습 3 다음을 사용하여 문장을 만들어 이야기해 보십시오.

- –(으)면 (당연히) –(으)ㄹ 법하다
- –(으)ㄹ 법한데 (아직도/여전히/언제나)

34

한 고등학생이 울산에 수학여행을 갔다가 국보인 암각화에 낙서를 해서 처벌을 받게 된 사건이 있었다. 범인을 잡기 전, 울주군은 최대 천만 원에 이르는 포상금을 걸며 수사 의지를 보였다고 한다. 그런데 범인을 잡고 보니 낙서를 한 것이 그 전 해 7월이며 울주군은 1년 넘게 국보가 훼손된 사실을 몰랐던 것으로 밝혀졌다. 국민들의 낮은 문화재 보존 의식과 더불어 문화재 관리의 허술함이 드러난 사건이었다.

문화재 보존 의식이 낮아 일어난 사건은 부지기수이다. 이는 한국뿐 아니라 전 세계적으로 골머리를 앓고 있는 문제이기도 하다. 그 중 전 국민을 울렸던 대한민국 국보 1호인 숭례문의 화재 사건은 한국 국민들이 문화재 보존에 대해 깊이 생각하게 하는 계기가 되었다.

숭례문은 조선시대에 서울 도성을 둘러싸고 있던 성곽의 정문이다. 현재 서울에 남아 있는 목조 건물 중 가장 오래된 것으로 한국전쟁 중에서도 꿋꿋이 버텨 한국인들의 정신적인 지주라 할 만했다. 이런 숭례문이 2008년 2월 10일, 정부 정책에 불만을 품은 한 사람의 방화로 인해 소실되어 온 국민들을 실의에 빠지게 하고 문화 민족으로서의 자존심이 무너지는 아픔을 주었다. 그 후 복원 공사를 시행하여 외곽 공사까지 완료하고 드디어 2013년 5월 4일, 5년 3개월의 복원 기간을 거친 끝에 일반에 공개되었다.

한국에서는 현재 문화재청에서 문화재를 총괄적으로 보존, 관리하고 있다. 하지만 문화재의 보유량 및 유지 보수와 관리 정도에 따라 문화재를 체계적으로 관리해야 함에도 불구하고 현실은 그렇지 못하다. 국보 1호의 소실이라는 큰일을 당한 만큼 문화재 보존에 대한 인식이 자리잡을 법도 한데 체계적인 보존과 관리는 아직도 미흡한 수준이다.

문화재 관리감독을 강화하는 것도 필요하지만 그것보다 더 중요한 것은 문화재를 대하는 국민의 의식이다. 숭례문 복원을 계기로 소중한 유산인 우리 문화재를 잘 보존해 후세에 물려줄 책임을 다시 한번 마음속에 새겨야 할 것이다.

단어장

국보
암각화
낙서
포상금
수사(하다)
허술하다
부지기수
골머리를 앓다
도성
성곽
목조
꿋꿋이
지주
방화
소실되다
실의에 빠지다
복원(하다)
외곽
총괄적
미흡하다
강화하다

대답해 봅시다

1. 숭례문 소실의 원인을 정리해 봅시다.

2. 문화재 보존을 위해 필요한 것에는 무엇이 있습니까?

이야기해 봅시다

1. 세계적으로 문화재가 훼손된 예에 대해 이야기해 봅시다.

2. 문화재를 보존해야 하는 이유에 대해 알아봅시다.

문화재를 보존해야 하는 이유
•
•
•

3. 위의 내용을 바탕으로 문화재 보존에 대한 자신의 생각을 발표해 봅시다.

문화재는 ______________________. 그리고 ______________________.
그래서 나는 ____.

단어장

9과 어휘 확장

• 다음은 한국의 문화유산입니다.

국보 1호
숭례문

천연기념물 182호
한라산

국보 70호
훈민정음 해례본

인간문화재 1호
김천흥

〈유네스코의 문화재 구분〉

세계유산		기록유산	무형유산
문화유산	자연유산		
석굴암 불국사 수원 화성 …	제주화산섬과 용암동굴 …	훈민정음 해례본 조선왕조실록 …	종묘제례 판소리 …

• 다음에서 알맞은 단어를 골라 대화를 완성하십시오.

백미 영웅담 당당하다 도달하다 등재되다

1. 겁쟁이처럼 도망가지 말고 한번 __________ 맞서 봐.

2. 이순신 장군의 __________ 드라마와 영화로 만들어져 많은 이들에게 감동을 주었다.

3. 이 소설은 전후의 사회상을 잘 그려낸 작품으로 전쟁 소설의 __________ 꼽힌다.

4. 그는 30년 동안 오로지 커피만 연구한 끝에 냄새만으로도 커피의 원산지를 구별하는 경지에 __________

5. 카이스트(KAIST) 생명화학공학과에서 휘발유를 만드는 대장균을 만들어 세계적인 과학 잡지인 네이처(NATURE)지에 __________

단어장
겁쟁이
사회상
원산지
경지
휘발유
대장균

• 다음에서 알맞은 단어를 골라 문장을 완성하십시오.

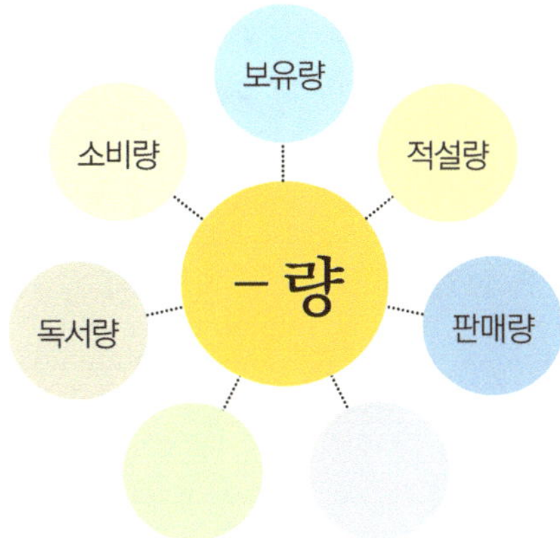

1. 전 세계적으로 가구당 자동차 ________________ 해마다 아주 빠르게 늘어나고 있다.

2. 어젯밤부터 내리기 시작한 눈은 오늘 아침 15센티미터의 ________________ 보이고 있다.

3. 나는 유명 가수의 앨범이나 베스트셀러의 ________________ 보면서 대중문화의 놀라운 전파력을 실감하곤 한다.

4. 이번에 새로 설치된 가로등은 기존의 가로등에 비해 전력 ________________ 20퍼센트나 절약되는 효과가 있다.

5. 나는 김 교수님의 독서 일기를 보면서 그분의 엄청난 ________________ 실감할 수 있었다.

6. ____

7. ____

단어장
전파력
실감하다

9과 듣기

- 다음은 유네스코에 등재된 한국의 기록 유산입니다. 어떤 역사적 가치가 있는지 이야기해 봅시다.

훈민정음 해례본

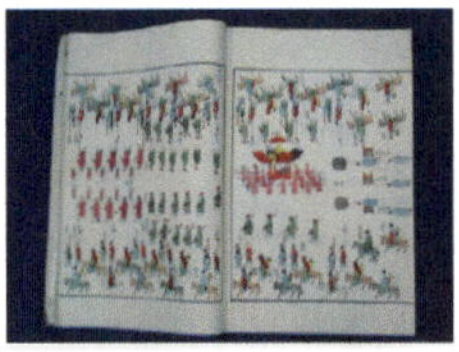
조선왕조 의궤

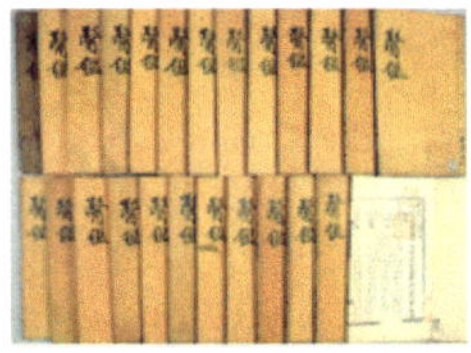
동의보감

난중일기

◉ 다음을 듣고 물음에 답하십시오. 🎧 35

1. 난중일기와 동의보감에 대해 정리해 보십시오.

	난중일기	동의보감
저자		
내용		
가치		

2. 들은 내용과 같은 것을 고르십시오. (　　)
   ① 동의보감의 편찬 목적은 병의 예방이 아닌 치료에 있다.
   ② 동의보감은 국가가 왕의 건강을 위해 기획하여 편찬한 의학서이다.
   ③ 이순신 장군은 임진왜란이 끝난 후에 난중일기를 집필하기 시작했다.
   ④ 난중일기는 전쟁기록물일 뿐만 아니라 그 당시의 생활상도 알 수 있는 기록물이다.

단어장
질의응답
위인
지휘관
소견
상세히
편찬하다
집필(하다)
주도적
기획하다

이야기해 봅시다

• 여러분 나라의 위인과 관련된 문화재나 유적지에 대해 소개해 보십시오.

인물	
업적	
문화재의 가치	

단어장

• 다음은 수원 화성과 관련된 사진입니다. 수원 화성에 대해 이야기해 봅시다.

방화수류정

옹성

동북공심돈

거중기

◉ 다음 글을 읽고 물음에 답하십시오.

과학적 설계와 독창적 디자인의 만남

수원 화성은 한국이 자랑하는 세계적인 문화유산으로 1997년에 유네스코 지정 세계문화유산으로 등재되었다. 사실 수원 화성은 세계문화유산 중에서 원본이 아님에도 불구하고 등재된 유일한 문화유산이다. 일제 강점기와 6.25 전쟁을 겪으면서 화성의 여러 시설 중 온전하게 남아 있는 것이 거의 없는데 지금의 모습은 1975년 이후에 시작된 복원 공사의 결과이다.

그렇다면 어떻게 복제품이 세계문화유산에 등재되었을까? 그것은 바로 〈화성성역의궤〉 덕분이다. 이 책은 화성 건축에 관해 국가에서 펴낸 기록서로 한국 건축사상 가장 정확하고 풍부한 내용의 보고서이다. 이 책에는 시설물들을 그림으로 설명한 〈도설〉이 있어 이것을 바탕으로 화성을 완벽하게 복원할 수 있었는데 얼마나 훌륭하게 복원되었는지 전문가가 아니면 복원 사실을 알 수 없을 정도라고 한다. 이 때문에 〈화성성역의궤〉를 꼼꼼하게 확인한 유네스코 관계자들은 그 가치를 인정하고 등재하였다.

화성은 일차적으로 군사 시설이지만 무엇보다도 아주 아름다운 것이 특징이다. 특히 '방화수류정'이라 불리는 각루를 화성 밖에 있는 연못과 같이 보면 군사 시설이 아니라 휴식 공간처럼 보인다. 그만큼 주변 환경과 잘 어우러져 훌륭한 경치를 자랑한다. 또한 화성은 그 디자인이 독창적이다. 출입문 바깥에는 반원 모양의 성벽인 '옹성'이 있는데 적으로부터 문을 보호하고 문 앞까지 진입한 적군을 사방에서 포위하여 공격할 수 있는 군사 시설이다. '동북공심돈'은 적군을 감시하도록 높은 곳에 설치한 것으로 가장 독특하고 웅장한 건축물이다. 벽돌을 차곡차곡 쌓아 올려 빈틈없이 지은 원통 모양의 건물이며 층마다 적군을 감시하고 활을 쏠 수 있는 작은 구멍이 있다.

화성이 아주 단기간에 완성되었다는 사실도 놀랍다. 화성은 성의 둘레가 5.4km 정도 되고 갖가지 건물들이 40개가 넘는 대단히 큰 건축물인데 1794년 1월에 착공하여 1796년 9월에 완성되었다. 10년이 걸릴 공사를 2년 반 만에 완성했다는 것은 당시의 기술 수준을 생각해 볼 때 믿을 수 없는 일이다. 이러한 일이 가능했던 것은 천재적인 학자인 '정약용'이 있었기 때문이다. 그는 공사 계획을 치밀하게 세우고 새로운 장비와 기술을 도입하였는데 높은 곳으로 무거운 돌을 끌어올리기 위해 도르래를 이용한 거중기를 사용하였다.

이렇듯 수원 화성은 이전까지 세워졌던 성곽과는 규모와 형태가 다른 것은 물론이고 재료와 건축 기법에 이르기까지 여러 가지 면에서 새로운 모습을 보여 준다.

단어장

온전하다
복제품
꼼꼼하다
각루
진입하다
적군
사방
포위하다
공격하다
감시하다
웅장하다
차곡차곡
빈틈없다
활을 쏘다
둘레
치밀하다
장비
도르래
거중기
기법

1. 각 문단의 내용을 정리해 보십시오.

문단	주요 내용	세부 내용
1		
2		
3		
4		
5		

2. 수원 화성의 특징으로 알맞지 않은 것을 고르십시오. (　　)
   ① 건물이 40개 이상으로 규모가 큰 건축물이다.
   ② 수십 년에 걸쳐 많은 사람들이 노력하여 완공되었다.
   ③ 옹성이나 공심돈과 같이 독특한 디자인의 건물이 있다.
   ④ 군사 시설이지만 주변 환경과 잘 어울리며 그 모습이 아름답다.

3. 이 글의 내용과 같은 것을 고르십시오. (　　)
   ① 수원 화성은 다른 성곽과 규모와 형태는 다르지만 건축 방법은 동일했다.
   ② 정약용은 당대 최고의 장군으로 적으로부터 방어하기 위해 화성을 만들었다.
   ③ 화성 건축에 대한 기록서 덕분에 수원 화성이 세계문화유산으로 지정될 수 있었다.
   ④ 수원 화성은 견고하게 지어졌기 때문에 전쟁에도 파괴되지 않고 시설이 남아 있다.

단어장
완공되다
방어하다
견고하다

이야기해 봅시다

- 여러분 나라의 유네스코 등재 세계문화유산에 대해 알고 있습니까? 이야기해 봅시다.

◉ 문화재는 역사적으로 중요한 가치가 있습니다. 이러한 문화재를 보존하기 위한 방법에 대해 써 보십시오.

처음	문화재가 훼손된 사례	
가운데	보존해야 하는 이유	
	보존할 수 있는 방법	
끝	마무리	

▶ 위의 글을 원고지에 써 보십시오.

속담 · 관용표현

36

가 : 와, 오랜만에 우리 삼총사 다 모였네.
나 : 삼총사? 그 말도 오랜만에 듣네. 학교 다닐 때 우리 세 명 항상 붙어 다닌다고 부르던 별명이잖아.
가 : 그래. 너 이민 가고 나서 많이 허전했었는데 이렇게 다시 만나서 이런 멋진 곳에도 같이 오니까 정말 좋다.
나 : 나도. 그런데 우리 동네에 이런 곳이 있었다니 몰랐어. 그것도 엎어지면 코 닿을 데에 말이야.
가 : 나도 최근에 알게 됐어. 너는 외국에 있어서 몰랐겠지만 요즘 한국에서는 '우리 동네 숨은 명소 찾기 프로젝트'가 유행이야. 보다 많은 사람들이 근거리 여행의 즐거움을 누리도록 하자는 의미에서 벌이는 운동이지.
나 : 그렇구나. 가까운 곳에서 자연과 문화를 즐길 수 있으니 정말 좋구나. 그런데 아까 표 사러 간 동우는 함흥차사마냥 돌아올 줄을 모르네.

◉ 위 대화 속의 속담의 의미를 생각해 보고 친구와 대화를 만들어 봅시다.

관용어

코웃음을 치다	다른 사람을 비웃다
코가 납작해지다	몹시 무안을 당하거나 기가 죽다

1. 가 : 1년 안에 아파트를 살 거야.
   나 : 그게 가능해? 흥!
   가 : 너도 다른 사람들처럼 ______________________________
   나 : 그건 불가능하니까 그런 거지. 넌 지갑에 만 원도 없잖아.

2. 가 : 진수가 그렇게 영어를 잘해요? 진수 엄마가 자랑을 많이 하던데…….
   나 : 그랬는데 요즘은 진수 엄마 ______________________________
   가 : 왜요? 무슨 일 있었어요?
   나 : 길에서 외국인이 길을 물었는데 진수가 말 한마디 못했거든요.

한산섬 달 밝은 밤에

이순신 (1545~1598)

한산섬 달 밝은 밤에 수루에 혼자 앉아

큰 칼을 옆에 차고 깊은 시름 하는 차에

어디서 일성호가는 남의 애를 끊나니

* 수루 : 적을 감시하는 높은 망루
* 일성호가 : 한 곡조의 호가 소리
(호가 : 갈대잎으로 만든 피리, 소리가 매우 처량함)

[ㄱ]

[ㄴ]

[ㅅ]

[ㅇ]

1 과

듣기 2. ②

읽기 2. ①

2 과

듣기 1. 2002년 한국 월드컵 때, 한국인의 열정과 한국 문화에 매료되어서 살게 되었다.

3. ①

읽기 2. ②

3. ④

3 과

듣기 1. 고양이 몸에 부족한 타우린을 보충하려고

3. ②

읽기 2. ②

3. ④

4 과

듣기 1. 1960, 70년대 산업화와 도시화로 급격히 불어난 서울의 인구를 분산시키기 위해

2. 편리한 의료 시설과 교통, 우수한 교육 환경 때문에

4. ①

읽기 2. ②

3. ③

5 과

듣기 2. ②

읽기 2. ④

3. ①

6 과

듣기 4. ②

읽기 2. ②

3. ④

7 과

듣기 3. ③

읽기 2. ③

3. ②

8 과

듣기 3. ④

읽기 2. ④

3. ④

9 과

듣기 2. ④

읽기 2. ②

3. ③

15p 1과 대중문화와 유행

듣기 03

진행자 : 안녕하세요? 민지원입니다. '친절한 영화가 좋다' 그 열 번째 시간입니다. 요즘 한국 극장가가 뜨거운데요. 오늘도 발 빠른 소식, 생생한 소식, 여러분과 함께 하겠습니다. 먼저 영화 평론가 김진희 님을 모시고 최근 한국영화의 경향에 대해 이야기를 나누어 보겠습니다. 안녕하세요?

영화 평론가 : 안녕하세요? 지원 씨, 혹시 '실화 영화는 흥행 보증 수표다'라는 말을 들어 본 적이 있나요? 최근 실화를 바탕으로 한 영화가 줄줄이 개봉되면서 흥행에 성공하고 있습니다. 과거에도 이런 실화 영화는 관객들의 꾸준한 사랑을 받았는데요. 스포츠 영화, 전쟁 영화, 사회적 범죄 사건이나 특정 인물을 다룬 영화 등이 있었지요.

진행자 : 네. 그런데 이런 실화 영화들은 주제가 무거움에도 불구하고 인기가 많은 이유가 뭘까요?

영화 평론가 : 그건 관객들이 실제 사건이나 실제 인물을 기억하고 있어서 영화 내용에 더 쉽게 공감하기 때문이지요. 실제 이야기를 잘 모르는 관객들도 실제 이야기에 관심을 가지게 되면서 사회적인 이슈가 되기도 하고요.

진행자 : 그렇군요. 영화는 다른 대중 예술에 비해 직접적이면서 강한 메시지를 담을 수 있다는 것이 가장 큰 장점인 것 같아요.

영화 평론가 : 그렇죠. 그리고 사회적인 영향력도 큽니다. 영화 개봉으로 잊혀진 범죄 사건이 다시 화제가 되어 관련자들이 다시 처벌을 받기도 했고요. 또 이런 사건의 재발 방지를 위해 새로운 법이 제정되기도 했어요.

진행자 : 네. 영화가 사회에 미치는 영향이 정말 크군요. 앞으로 개봉될 실화 영화도 기대가 됩니다.

33p 2과 언어와 생활

듣기 07

진행자 : 오늘은 제 573돌 한글날입니다. 몇 해 전부터 한글날이 법정 공휴일로 지정되면서 한글을 더 사랑하고 아끼자는 움직임이 곳곳에서 일어나고 있습니다. 오늘 외국인이지만 한글 사랑에 누구보다 앞장서고 계신 피트 씨를 모시고 한글 지킴이로 활동하고 계신 이야기를 나누어 보도록 하겠습니다. 안녕하세요? 피트 씨.

피 트 : 네. 안녕하세요?

진행자 : 한국에는 언제 오신 건가요?

피 트 : 지난 2002년 한일 월드컵 때 한국의 독특한 응원 문화를 취재하러 왔었어요. 취재하면서 한국인의 열정과 한국 문화에 매료되어 지금까지 한국에서 살고 있답니다.

진행자 : 네. 그렇군요. 그런데 지금은 한글 지킴이 동아리를 만들어 활발히 활동하고 계신다던데 그 계기가 궁금합니다.

피 트 : 제 고향이 미국 LA인데요. LA에는 코리아타운이 있어요. 그곳에 들어가면 즐비한 한글 간판들 때문에 제가 마치 한국에 있는 듯한 느낌을 받곤 했어요. 그런데 서울의 중심가는 이와는 정반대인 거예요. 곳곳에 영어 간판들이 얼마나 많은지 도대체 제가 한국에 있는지 미국에 있는지 모를 정도였다니까요. 제가 사랑하는 한글이 오히려 한국에서 푸대접을 받는 것이 안타까워서 이 일을 시작하게 되었습니다.

진행자 : 한글 사랑이 남다르시네요. 그럼 동아리에서는 구체적으로 어떤 활동을 하고 계신가요?

피 트 : 외국어로 쓰여진 간판을 한글로 바꾸는 캠페인을 정기적으로 하고 있고요. 한글 사랑 신문을 만들어 저 같은 외국인들에게 아름다운 한국 고유어를 소개하고 있습니다. 또 올해부터는 외국인을 대상으로 한글 서예 대회도 열 예정입니다. 멋진 한글 글씨체가 한국을 넘어 세계로 퍼졌으면 하는 것이 제 바람입니다.

진행자 : 그 바람이 꼭 이루어졌으면 좋겠네요. 세계가 인정한 한글을 한국인인 우리가 소홀히 한다는 것은 부끄러운 일입니다. 한글을 지키고 가꾸는 일은 한국인의 정체성을 지키는 일임을 우리 모두 가슴 깊이 새겨야겠습니다.

51p 3과 과학과 미래

듣기 11

진행자 : 지난주 퀴즈는 고양이가 쥐를 잡아먹는 이유에 대한 문제였는데요. 고양이 몸에 이것이 부족해서라고 했습니다. 박사님, 정답을 말씀해 주시지요?

박 사 : 네. 오늘도 많은 분들이 퀴즈에 참여해 주셨는데요. 정답은 타우린입니다. 고양이는 타우린이 부족해서 타우린이 풍부한 쥐의 천적이 된 것이죠.

진행자 : 네. 박사님. 감사합니다. 오늘도 유익한 과학이야기 부탁드립니다. 오늘은 어떤 이야기가 준비되어 있나요?

박 사 : 오늘은 자연에서 아이디어를 얻은 발명품에 대한 이야기를 하려고 합니다. 먼저 수영복 이야기부터 할까요? 올림픽에서 한국에 첫 번째 수영 금메달을 안겨준 박민수 선수의 수영복, 기억하십니까? 여러분들도 알다시피 전신 수영복입니다. 왜 박민수 선수는 온몸을 가리는 수영복을 입게 되었을까요?

진행자 : 그건 저도 들어본 적이 있는 것 같아요. 전신 수영복이 물의 저항을 줄여주기 때문에 더 좋은 기록을 낼 수 있다지요.

박 사 : 네. 맞아요. 그런데 그 전신 수영복이 바로 상어가 준 아이디어입니다. 상어는 바다에서 시속 50km로 헤엄을 칠 정도로 아주 빠른 수영 실력을 자랑합니다. 상어의 피부는 언뜻 보면 매끄러워 보이는데 실제로 보면 아주 꺼끌꺼끌합니다. 실험을 해 보니 이 거친 피부가 오히려 물의 저항을 줄여 속도를 높이는 것으로 밝혀졌어요. 이러한 원리를 응용해 만든 수영복을 입고 많은 수영 선수들이 좋은 성적을 거두었지요.

진행자 : 아, 그렇게 해서 전신 수영복이 만들어졌군요.

박 사 : 그러나 전신 수영복의 효과로 인해 세계신기록이 쏟아져 나와 현재는 착용을 금지하고 있습니다. 이 외에도 자연에서 발견되고 활용돼 세상을 놀라게 한 아이디어가 많이 있습니다. 박쥐의 초음파를 활용해서 레이다를 발명한 것이 그런 예이지요. 이 기술은 현재 선박 및 항공기 운항, 기상 관측 등 다양한 분야에서 활용되고 있습니다.

진행자 : 박사님 말씀을 듣고 보니 과학이 우리 생활 곳곳에 숨어 있었네요. 여러분도 생활 속 과학을 찾아보시면 재미있을 것 같습니다.

69p 4과 인간과 도시

듣기 15

꾸언 : 민지 씨, 한국 사람들하고 대화할 때마다 서울의 강남이야기를 많이 하던데요. 얘기를 들어보면 강남은 한국의 고도성장을 상징하는 곳 같아요.

민지 : 저도 아버지께 들었는데 강남은 예전에 모두 습지와 논밭이었대요. 1960~70년대에 산업화와 도시화가 급속도로 진행되자 갑자기 불어난 서울의 인구를 분산시키기 위해 정부가 의도적으로 계획하여 개발된 곳이 강남이었대요. 그런데 놀라운 것은 사람들이 살기를 기피하던 그 광활한 땅이 누구나 살고 싶어 하는 도시로 탈바꿈하는 데 불과 10년 밖에 걸리지 않았다는 거죠.

꾸언 : 정말요? 근데, 언론보도에 따르면 집값이나 전셋값이 그렇게 비싸다던데 왜 그렇게 다들 강남에 못 들어가서 안달이에요?

민지 : 음, 사람들마다 각자 다른 이유가 있겠지만 편리한 의료시설과 교통, 그리고 우수한 교육환경 때문에 강남을 선호하는 것 같아요. 특히 자녀 교육을 위해 기러기아빠도 마다하지 않는 교육열이 강남으로의 이주에 큰 몫을 하죠.

꾸언 : 아, 그래서 사람들이 강남을 선호하는군요. 그런데 한국의 대도시들은 빌딩들이 너무 빽빽하게 들어서 있어서 좀 삭막한 것 같아요. 그리고 그 도시만의 특색도 없는 것 같고요.

민지 : 그렇죠. 천편일률적으로 비슷하게 개발된 도시들이 많지요. 좀 특색있게 개발되면 좋겠지만 그게 그렇게 쉬운 문제가 아닌가 봐요.

꾸언 : 그러면 개발이 잘 된 도시를 좀 참고해서 모방하면 안 돼요?

민지 : 그 도시들만의 환경과 상황이 다르잖아요.

꾸언 : 그래도 조금 더 그 도시의 특징과 개성을 잘 살릴 수 있는 도시 개발이 이루어졌으면 좋겠어요.

87p 5과 교육과 인생

듣기 19

진행자 : 경제협력기구 OECD가 주관한 국제 학력 조사에서 핀란드가 1위, 한국이 2위를 차지했습니다. 위 결과를 통해 한국 학생들의 학업 성취가 아주 우수하다는 것을 알 수 있습니다. 하지만 학생들의 '삶의 만족도' 조사에서는 한국이 OECD 국가 중 최하위인 것으로 나타났습니다. 반면에 핀란드는 삶의 만족도 조사에서도 최상위를 유지했습니다. 즐겁게 공부하면서도 최고의 교육 수준을 자랑하는 핀란드 교육, 그 이유는 뭘까요? 오늘 핀란드 출신의 방송인 니나 씨를 모시고 핀란드의 특별한 교육 방식에 대해 이야기를 나누어 보겠습니다.

니 나 : 핀란드 교육의 가장 큰 특징은 경쟁이 없다는 거예요. 그래서 우등반과 열등반이 나누어져 있지 않고 모든 학생이 차별 없는 동일한 수업을 받아요. 학기가 끝나면 성적표를 받지만 성적표에는 등수가 없어요. 단지 목표한 대로 얼마나 학업을 성취했는지에 대한 언급만 있지요. 경쟁의 대상은 친구가 아닌 바로 자기 자신인 셈이죠. 이런 분위기에서 학교에서는 경쟁이 아닌 협동을 배웁니다. 모든 학생들은 제각기 다른 재능이 있잖아요. 수학을 잘하는 아이, 언어를 잘하는 아이, 그 아이들의 재능을 모두 가치 있게 인정해주고 서로 협동하여 문제를 해결하는 방법 등을 배우는 거지요. 핀란드 교육계에서는 이러한 협동 교육이 사회에서 더 큰 경쟁력을 가지게 된다고 믿습니다.

진행자 : 참 이상적인 교육 방법이네요. 그렇지만 성적 우수자와 열등자가 함께 공부하는 것은 왠지 비효율적이라는 생각도 드는데 어떻습니까?

니 나 : 그럴 수도 있겠지만 핀란드에서는 단 한 명의 낙오자도 없는 교육을 표방합니다. 시간이 더 많이 걸리더라도, 비용이 더 많이 들더라도 모든 학생이 무사히 목표에 도달할 수 있도록 교육이 이루어져요. 그래서 실제로 잘하는 학생보다 부족한 학생에게 더 많은 관심과 교육 예산을 책정하고 있고요.

진행자 : 그렇군요. 이야기를 듣다 보니 핀란드의 실제 교육 현장이 궁금해집니다. 니나 씨가 이번에 직접 핀란드의 한 초등학교를 방문했다면서요? 자료 화면을 보면서 이야기를 더 나누어 보겠습니다.

105p **6과** 경제와 소비 생활

듣기 23

강연자 : 지난 시간 주제였던 블루오션에 이어서 오늘은 틈새시장에 대해 살펴보겠습니다.

틈새시장은 마치 틈새를 비집고 들어가는 것과 같다는 뜻에서 붙여진 이름입니다. 이것은 특정 성향을 가진 소규모의 소비자를 판매 목표로 설정한 시장을 말합니다. 이는 대량으로 생산되어 소비되는 매스마케팅과 대비되는 개념이지요. 예를 들면 왼손잡이를 위한 물품 시장이나 거구의 체형을 가진 사람을 위한 빅사이즈 의류 시장이 있습니다. 이러한 틈새시장은 희소성으로 더 큰 가치를 평가받는 것이 특징입니다.

틈새시장이 거대 시장으로 바뀌는 경우도 있습니다. 그 대표적인 사례가 바로 김치 냉장고입니다. 음식을 시원하게 보관해 주고 더운 여름에 얼음을 얼려주는 것으로 충분했던 냉장고 시장에 김치 냉장고가 처음 등장했습니다. 많은 양의 김치를 오래 보관하면서 자신의 입맛에 맞게 익혀 먹는 것이 김치 냉장고의 장점입니다. 이것이 소비자들의 욕구를 만족시키는 계기가 되어 이제는 주부들의 애장품 1위, 신부들의 필수 혼수제품이 되었습니다. 최근엔 김치 냉장고의 성공사례를 바탕으로 또 다른 틈새를 공략한 쌀 냉장고, 와인 냉장고에서 화장품 냉장고까지 다양한 냉장고 제품이 나오고 있습니다.

최근 들어서는 1인가구가 급증하여 전자, 식품, 유통 업계에서 발 빠르게 틈새시장을 공략하고 있습니다. 벽걸이 드럼세탁기에서 소형 냉장고, 소형 밥솥까지 다양한 전자 제품이 출시되고 있습니다. 간편함 때문에 냉동식품 같은 반조리 식품들도 꾸준한 매출 신장을 보이고 있습니다. 그리고 대형할인점에서는 1인가구의 음식물 쓰레기에 대한 부담을 줄이기 위해 소용량 포장 상품을 확대하기 시작했습니다. 이러한 상품에는 채소에서부터 과일까지 종류도 다양합니다.

무한한 가능성이 있는 틈새시장, 창업을 꿈꾸는 분들은 그 성공 열쇠를 틈새시장에서 찾아보는 것은 어떠십니까?

123p **7과** 공동체 생활

듣기 27

여러분의 후원을 기다립니다.

'어른 아이' 수만이

암 투병 중이신 아버지와 어린 동생들을 위해 이른 새벽, 아침을 준비하는 수만이의 손길이 분주합니다. 달걀 하나 사기도 어려운 형편, 달걀 프라이가 먹고 싶다는 어린 동생의 투정이 못내 마음에 걸리는 아이. 멋진 요리사가 되어 동생들에게 맛있는 음식을 많이 만들어 주는 것이 수만이의 유일한 꿈입니다. 수만이는 오늘도 동생들이 먹다 남긴 찬밥으로 허기를 채웁니다. 철없는 어린 세 동생들을 돌보며 쌓여 있는 빨래와 요리도 척척 해내는 수만이! 수만이의 또 다른 이름은 슈퍼맨입니다. 아버지를 간호하며 집안일을 하다보면 수만이의 힘든 하루는 지나갑니다.

수만이는 언제쯤 따뜻한 봄을 맞을 수 있을까요?

가난을 벗어나려고 도시로 온 루카

5년 전, 가족들의 생계를 위해 아빠와 함께 도시로 온 루카. 하지만 아빠가 일용직으로 번 돈을 가족들에게 보내고 나면 끼니조차 해결할 수 없는 현실이 찾아옵니다. 결코 끝나지 않을 것 같은 가난에 오늘도 루카는 차가운 흙바닥에서 잠을 청하며 집으로 돌아갈 그 날을 기다립니다. 이른 새벽, 아빠가 일거리를 찾아 나서면 온갖 집안일은 루카의 몫……. 아이의 작은 손은 고된 일로 물이 마를 새가 없습니다.

어느새 학교에 갈 나이를 훌쩍 넘긴 루카, 책가방을 멘 아이들과 마주칠 때면 부러움에 눈길을 떼지 못합니다. 나중에 커서 선생님이 되고 싶다는 루카, 작은 소녀에게 꿈을 꿀 기회조차 허락하지 않는 가난, 루카에게 마음껏 꿈 꿀 기회를 주세요.

굿네이버스는 국내외 아동과의 1 : 1 결연을 통해 빈곤 가정 아동에게 교육, 보건, 의료 서비스를 지속적으로 제공하고 있습니다. 여러분의 나눔이 행복한 세상을 만듭니다.

후원 문의 1544-7944. 지금 수만이와 루카의 특별한 꿈을 응원해 주세요.

141p **8과** 환경과 생태계

듣기 31

앵 커 : 지금 지구상에는 무분별한 개발과 환경오염, 그리고 남획으로 말미암아 해마다 수만 종의 생물이 사라지고 있습니다. 특히 양서류의 3분의 1, 포유류의 4분의 1, 조류의 8분의 1이 멸종 위기라고 합니다. 보호에 더 각별한 노력이 필요합니다. 오늘은 동물보호협회장님을 모시고 이야기를 들어보도록 하겠습니다. 안녕하세요? 회장님. 한국에서는 현재 무슨 동물이 멸종 위기에 처해 있나요?

협회장 : 한국 사람에게 익숙한 반달가슴곰이 현재 멸종 위기입니다. 그래서 정부에서는 반달가슴곰을 천연기념물로 지정하여 보호하고 있습니다. 몇 년 전, 반달가슴곰을 증식시키기 위해 보호 센터에서 키우던 곰을 지리산에 방사했습니다. 곰들이 야생에서 얼마나 잘 적응할 수 있을지 걱정이 많았는데요. 얼마 전 반달가슴곰 2마리가 출산에 성공했다는 반가운 소

식이 있었습니다. 그러나 지난해 출산했던 한 마리는 이번 겨울에 죽은 채로 발견됐습니다. 환경파괴와 먹잇감 부족으로 반달가슴곰들은 올해도 힘겨운 홀로서기를 해야 합니다.

앵　커 : 예전에는 한국에 늑대나 호랑이도 많이 자생했다던데 지금은 어떻습니까?

협회장 : 안타깝게도 한국 토종 늑대는 1990년대 후반에 멸종했고 호랑이는 멸종 위기 상태입니다. 한국에서 자생했던 호랑이는 시베리아 호랑이인데 이는 호랑이 중에서 가장 큰 종으로 현재 전세계적으로 100여 마리 남짓 생존해 있는 것으로 추정하고 있습니다. 그 중 50여 마리는 동물원 등에서 사육되고 있고요. 이렇게 시베리아 호랑이가 멸종 위기에 처한 것은 사람들이 호랑이와 호랑이의 먹잇감을 밀렵했기 때문이기도 하지만 그보다 더 중요한 요인은 서식지가 줄어들거나 사라졌기 때문입니다.

앵　커 : 속담에 자주 등장하는 호랑이도 이제 까마득한 전설이 되었군요. 오늘 귀한 시간 내주신 동물협회장님께 감사드립니다. 인간으로 인해 늘어난 멸종 위기 동물, 아직도 현재 진행형입니다. 생물종의 감소는 생태계의 불균형을 낳게 되고 결국 인간에게도 그 피해가 고스란히 되돌아온다는 것을 잊지 말아야겠습니다.

159p 9과 문화재와 보존

듣기 35

교　수 : 오늘은 지난 시간에 공지한 대로 조선시대의 임진왜란과 관련 있는 역사적 인물 두 명과 그들이 남긴 세계적인 문화유산에 대한 발표가 있겠습니다. 질의응답은 모든 발표가 끝난 후에 하도록 하겠습니다.

소피아 : 안녕하십니까? 저는 첫 번째로 이순신 장군과 난중일기에 대해 발표하게 된 소피아입니다. 여러분은 이순신 장군하면 무엇이 떠오르십니까? 네. 그렇습니다. 이순신 장군은 한국인의 존경을 한몸에 받는 위인 중의 위인이지요. 전쟁이라고 하는 국가 위기 상황에서 나라를 구한 최고의 영웅입니다. 이순신 장군이 임진왜란 7년 동안 쓴 일기 형식의 기록물이 바로 난중일기고요. 이 기록물은 전쟁사적으로 가치가 높다고 합니다. 그 이유는 난중일기에 생생한 전투상황뿐만 아니라 전투와 관련된 지휘관으로서의 소견이 상세히 기록되어 있기 때문입니다. 또한 난중일기에는 당시의 기후나 지형, 일반 백성들의 삶에 대해서도 기록되어 있습니다. 이는 당시의 생활상을 연구하는 데에도 중요한 자료로 활용되고 있습니다. 이러한 가치를 인정받아 난중일기는 2013년 6월 유네스코 세계기록유산으로 등재되었습니다.

교　수 : 네. 발표 잘 들었습니다. 계속해서 두 번째 발표를 듣겠습니다.

송　영 : 안녕하십니까? 저는 송영입니다. 저는 허준과 동의보감에 대해서 발표하도록 하겠습니다. 허준이 편찬한 동의보감은 2009년 유네스코 세계기록유산에 등재되었습니다. 동의보감은 1596년 임진왜란 중 임금의 명으로 허준을 비롯한 여섯 명의 의원이 집필을 시작했다고 합니다. 동의보감은 병의 원인과 증상부터 기본적인 치료 방법, 그리고 병을 예방하는 방법까지 다루고 있습니다. 동의보감은 가난한 백성을 위한 책이라는 데에 그 가치가 있습니다. 의료보험이 없던 조선시대에는 돈이 없어서 목숨을 잃는 백성들이 많았다고 합니다. 이를 가슴 아프게 여긴 허준은 누구나 쉽게 구할 수 있는 약재와 치료 방법을 기록하여 많은 백성들이 활용할 수 있게 했습니다. 백성들의 건강을 위해 국가가 나서서 의학서를 발행한 것은 동의보감이 처음이라고 합니다. 국가에서 주도적으로 만들었기 때문에 그 신뢰성을 더욱 인정받았고 이는 동의보감이 세계기록유산으로 등재되는 과정에서 중요한 역할을 했습니다.

교　수 : 네. 발표 잘 들었습니다. 두 분 모두 조사를 많이 했군요. 지금부터 질문 있으시면 발표자들에게 질문하시기 바랍니다.

집필진

조영미 연구책임자
부산대학교 언어교육원 한국어교육 책임강사
부산대학교 일반대학원 한국어교육학 박사

김은정 연구위원
부산대학교 언어교육원 한국어강사
부산대학교 일반대학원 외국어로서의 한국어교육 박사수료

김혜영 연구위원
부산대학교 언어교육원 한국어강사
부산대학교 일반대학원 한국어교육학 박사

김민서 연구위원
부산대학교 언어교육원 한국어강사
가톨릭대학교 일반대학원 한국어교육학 석사

[고급]

친절한 한국어 5

초판 1쇄 발행 2014년 8월 22일
2판 3쇄 발행 2025년 10월 31일

지은이 부산대학교 언어교육원

표지·내지 디자인 배 영 미
내지 편집 박 지 현
일러스트 삽화 이 도 연

펴낸이 최 재 원
펴낸곳 부산대학교 출판문화원
등록 제1983-000001호 1983. 11. 10.
주소 부산광역시 금정구 부산대학로63번길 2
전화 (051) 510-1932, 1933, 1935, 1819
전송 (051) 512-7812
E-mail pnupress@pusan.ac.kr
홈페이지 http://press.pusan.ac.kr

값 19,000원

ISBN 978-89-7316-642-8 14710
978-89-7316-600-8 세트